醜い日本の私

角川文庫
20008

目次

かつて『うるさい日本の私』（一九九六年洋泉社、二〇一六年現在、角川文庫）を刊行したとき、多くの人から「あの『うるさい』は『日本』と『私』のどっちにかかるんですか?」と面白半分（冷笑的）に尋ねられたが、いつも「両方にかかるんです」と答えてきた。「うるさい日本のうるさい私」である。今回のタイトルを見て、さすがに「この『醜い』はどっちにかかるんですか?」と問う勇気のある人もあまりいないだろうから、前もって答えておく。「両方にかかるんです。醜い日本の醜い私です」。

1　ゴミ溜めのような街

明大前商店街

まず①（7ページ）の写真を見てもらいたい。京王《けいおう》線明大前《めいだいまえ》の商店街風景である。どこにでもある普通の商店街だ。これを「美しい」と感ずる人がいるだろうか？　たぶん、あまりいないであろう。だが、この商店街で人びとは毎日買い物をし、ここを朝夕通過しても、この醜さに吐き気がすることはない。醜さを告発する市民運動が盛り上がることはない。ここが問題なのである。では、人びとは日々醜いと痛感しながらも、しかたないとあきらめているのであろうか？　変革してゆく勇気がないのであろうか？　どうも、そうではないようである。

日本人とて、何があっても我慢しつづけるわけではない。われわれは商品に対してもサービスに関しても要求がことのほか強く、スーパーで腐った肉を買って我慢する客は稀《まれ》であり、旅館で汚れた布団を出されても文句一つ言わない客はめずらしい。つまり、もしあらゆる商店の看板は破れ果てていて、窓ガラスは泥だらけであり、床もゴミだらけであったら、日本人とて不平を言うに決まっているのである。各商店主は心地よくすることに無関心なのではない。客の不快感などどうでもいいと思っているわけではない。商店街に朝早めに行ってみるがいい。みんなせっせと店の前を掃除し、ガラス窓を磨き上げている光景に出くわすであろう。つまり、——私にとっては驚くべきことに——彼らは街を心地よくしたいのであり、その結果こういう風景になったのである。

「美しい」ということと「心地よい」ことは違う。そう自覚していなくても、人びとは明大前商店街が美しいと思うことはなくても、疑いなく心地よいのだ。そうでなければ、毎日買い物をし、そこで何十分も過ごす場所が徹底的に心地が悪いはずはないであろう。日本のどこにでも見られる商店街の風景は、日本人の感受性を恐ろしいほどよく表している。

最近（二〇〇五年十月二十九日）朝日新聞（夕刊）の一面トップに「シモキタらしさ消えてしまう？」という見出しのもとに、（小田急《おだきゅう》線と井《い》の頭《かしら》線の交差する）下北沢《しもきたざわ》駅前開発計画案が発表されたことが掲げられている。「迷路のような路地が残る『ホッとする雑多な街』を守ろうと、市民の間では代替案づくりも始まっている」とあり、（この記事を載せた担当者を含め）少なからぬ人にとって、まさにあのごちゃごちゃした猥《わい》雑《ざつ》な空間が「ホッとする＝心地よい」ことを証明する記事である。

日本人は美に敏感である

日本人は美に鈍感な国民ではない。むしろ、世界最高峰の美意識をもっている。これは、ヨーロッパに永くいると実感するところである。総じて、美に対する要求が強く、

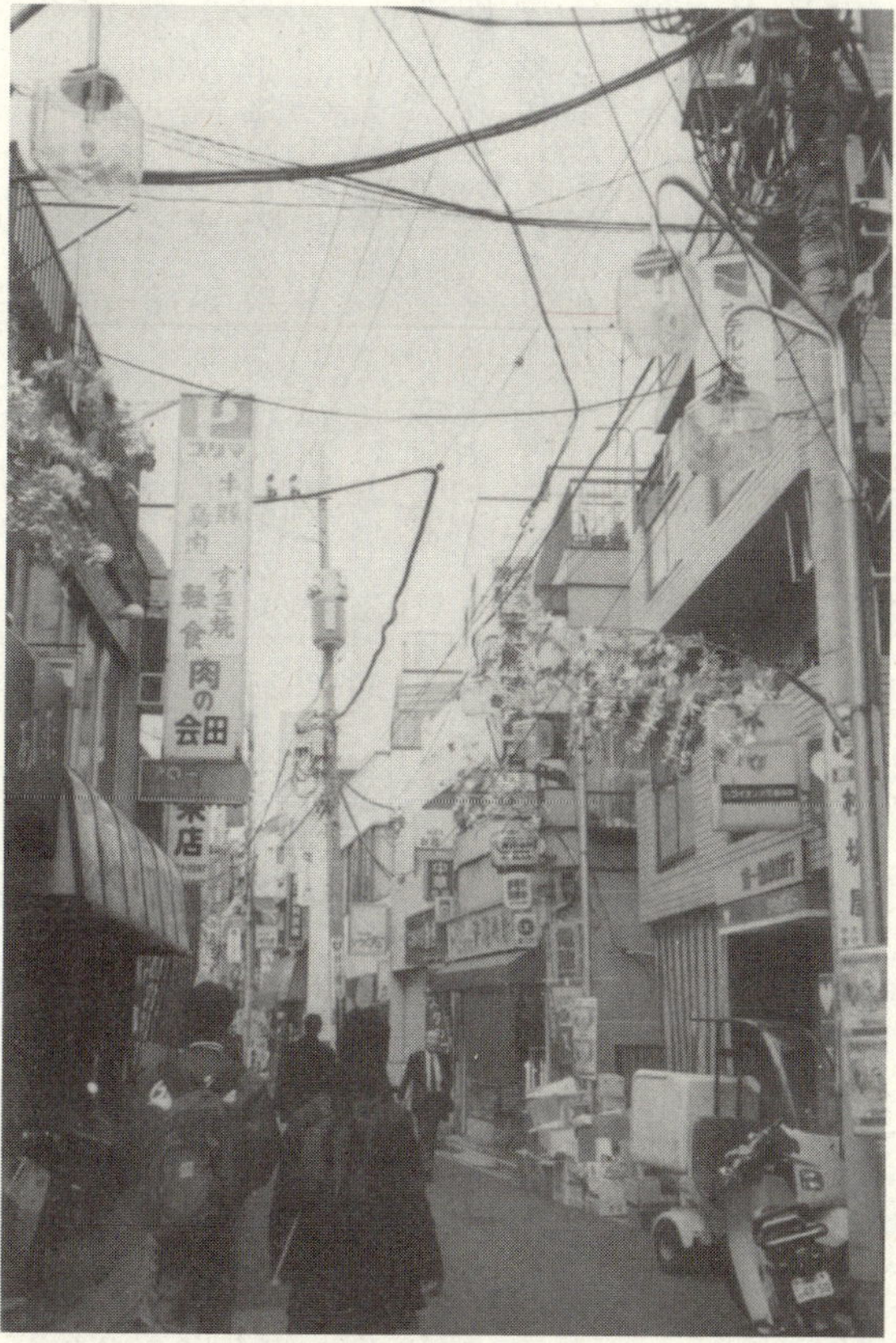

①明大前商店街（東京）

美に「うるさい」国民であると言っていいであろう。まず日本人はきわめて清潔を好み、かつて汚いトイレは数々あったが、いまやどこのトイレも磨き抜かれている。かなりのウィーンの公衆トイレは、鼻をつまんで入らねばならないほどの悪臭に満ちており、便器もぞっとするほど不潔である。路上には観光客用のフィアカー（二頭だて馬車）を引く馬が放《ひ》り出す糞《ふん》がごろごろしており、夏ともなれば中心街は糞の臭いが立ち込めている。走る車はみな数カ月は洗っていないと思われるほど汚れており、至るところにゴミが散乱しており、人びとの服装も薄汚れている。

日本人は清潔好きのみではない。その着ている物、あらゆる持ち物、家電製品、家具、食べ物、最近では住居も、何を比べても平均的庶民の段階ではヨーロッパよりはるかに洗練されている。ウィーンやローマやパリと比べると、地下街も、電車内も、ビルの中も、格段に綺麗《きれい》であり、趣味豊かである。これは強調しておかねばならない。この国では、みんな必死になって美しい物を生産しようとしており、夢中になってそれらを鑑賞しようとしている。

しかも、われわれはわが国固有の伝統的な美を忘れたわけではない。多くの軽薄な「文化人」が言うように「かつてわれわれは優れた美意識を具《そな》えていたが、いまや物質中心主義の荒廃した精神によってそれが失われた」わけではない。依然として、京都や鎌倉《かまくら》の寺院内の美しさは息を呑《の》むほどであり、茶室や日本庭園の涼やかな美は健在である。そして、そういう場所に老若男女膨大な数の日本人がつめかけ、その美しさを堪能《たんのう》するのだ。現代日本人も、銀閣寺《ぎんかく》や西芳寺《さいほう》の庭園の静寂な美しさが皆目わからないわけではなく、冬枯れの嵯峨野《さがの》をそぞろ歩くこと、鄙《ひな》びた飛驒高山《ひだたかやま》の街道を散策することは大好きなのである。

つまり、明大前商店街で買い物をしている人びとは、美に鈍感な野蛮人ではないのである。明大前駅を少し入ると、こぎれいで閑静な住宅地が広がっている。彼らの多くは、趣味豊かな物に囲まれた趣味豊かな暮らしをしているにちがいない。だが、同じ彼らが毎日あの商店街を通過してなんともないのだ。ここがポイントである。

＊本論において、私は日本人の美意識を国際比較のうえで「学問」として披露したいわけではなく、そのような能力もない。ただ、「体感」に基づいて（私の体感が納得する範囲内で）、長年感じてきたことに正確な概念を与えたいだけである。しかも、私は日本（の一部）とヨーロッパ（の一部）しか体感的には知らない。だから、ここでは古典的な日本対欧米という対立図式に従わざるをえない。読者諸賢が、「そういう現象は日本だけではない」とか、「日本でもその枠では説明できない事例がある」とか、「ヨーロッパでも日本と同じ事例がある」という感想を抱かれたら、たぶんそうではないかと思う。具体的な反論を期待している。

祭と商店街

多田道太郎《ただみちたろう》は、日本の盛り場の原型は縁日だと言っている。裸電球で照らされ、ヒラヒラ安っぽい原色の物が並ぶ縁日である。写真①をもう一度眺めてもらいたい。たしかに縁日である。あるいは、村祭の雰囲気である。商店街のみではない。選挙でも、お花見でも、大学祭でも、人々が集まるところ、わが国ではみなこうなる。原色の旗をひらめかせ、轟音《ごうおん》を発射し、食べ物屋が軒を連ねる。私は桜の花が大好きなのだが、満開のシーズンになると、行く気がしなくなる。桜の名所は枝という枝に商店街の提灯《ちょうちん》がぶら下げられ、樹の下にはタコ焼き屋、焼きそば屋、おでん屋の屋台が並び、各店からはスピーカーが轟音を発する、という人間の体臭で充満した空間になってしまう。こういうかたちで桜を愛《め》でることが、日本人の感受性の根幹にあるのだ。

中川真《なかがわしん》によれば、茶の湯でさえ利休《りきゅう》以前はどんちゃん騒ぎであったという。

中国や日本の宝物を一堂に集めて百ヵ所に飾り付け、舶来の椅子《いす》には豹《ひょう》や虎《とら》の皮をひろげ、大名たちは段子・金襴《きんらん》に身を包んできらびやかに居並んでいる。山海の珍味に舌鼓《したづつみ》をうち、酒を三献重ねたのち茶事に移る。ここで百種の茶の本非をあらそう闘茶が行なわれる。さらにそのあと博奕《ばくち》までして遊んだ。茶会の勝負で勝った品物は、同朋の遁世者《とんせいしゃ》や見物に集まった田楽・猿楽法師、傾城《けいせい》、白拍子の遊女らに惜しげもなくやってしまい、守護（大名）たちは手を空《むな》しくして帰るのが本望だったという。まさに贅《ぜい》を尽くした遊び狂いである。

（『平安京　音の宇宙』平凡社）

ブルーノ・タウトは次のように言っている。

最も強い印象を呼び起すところの日本の姿は、私の見るところでは、店舗、看板、品物を並べた店が並んでいる商店街の独特な光景である。どの陳列を見ても、それぞれ民衆芸術の小規模なアンサンブルである。ことに夕暮、そここの町で、立ち並ぶ店が行人の眼を楽しませるように念入りに、そしてまったく個性的に、ほとんど小さな工芸品のように配置されてあるのを眺めるのは、非常な楽しみである。

（『ニッポン』講談社学術文庫）

わが家の近くでも、深大寺《じんだいじ》門前の商店街（写真②）はしっとり落ちついていて、なかなか風情がある。そして、私が強調したいことは、こうした静かで儚《はかな》げな商店街の風景から、原色が炸裂《さくれつ》し狂気のようなスピーカーが怒鳴りたてる秋葉原《あきはばら》までは、たった一足だということである。「ええ〜、きんぎょ〜きんぎょ〜」という小さな嗄《しわが》れた声から、「焼き芋だよう、ほっかほっかだよう……」というテープによる大轟音までたった一歩であり、鎮守の村祭りのひっそりした太鼓や笛の音から、スピーカーによる耳をつんざく盆踊りまでたった一歩であるように、裸電球が揺れる縁日の光景は、横町の赤提灯の光景に連なり、それが自然なかたちで下北沢に、吉祥寺《きちじょうじ》に、渋谷《しぶや》センター街に成長してゆく。いずれも、「肌触り」が同じなのである。ただ、質的に同じものが量的に拡大しただけなのだ。村祭りを懐かしむ感受性がそのまま、歌舞伎町《かぶきちょう》や六本木《ろっぽんぎ》を受け入れる感受性に繋《つな》がっている。桜の花を愛でる感受性がそのまま、お花見のどんちゃん騒ぎを許容する感受性に、駅前商店街のセルロイドの桜を許容する感受性に繋がっている。ここには、見えにくいが一筋の細い道が延びているのである。

思えば、海水浴場ほど日本と欧米の光景が異なっているところはない。江《え》ノ島《しま》や由比《ゆい》ケ《が》浜《はま》や葉山《はやま》のようなファッショナブルな海水浴場でも、シーズン中はやはり拡大された縁日あるいは祭の雰囲気が砂浜に押し寄せる。写真③は夏の江ノ島海岸の風景である。

これがわれわれ日本人の（たぶん東アジア人に共通の）体感に染み透った祭の風景なのであり、それがそのまま拡大して、駅前商店街になり、歌舞伎町に秋葉原になるのである。ヨーロッパでは、提灯をぶら下げスピーカーを怒鳴らせて花見をする習慣はなく、魚屋も八百屋も「いらっしゃい！　いらっしゃい！」と絶叫することはない。腕を組んで客を待っているだけである。われわれはただ買い物をするためだけに商店街を訪れるのではない。そこで人びとと触れ合いたい、たえまなく「いらっしゃい！」と呼びかけられたいのだ。殺風景な街で買い物などしたくないのである。

「醜」を排除しない体質

先に紹介した多田道太郎は、次のように言う。

②深大寺門前の商店街

③江ノ島海岸（神奈川）

私ははじめに申し上げておきますが、「醜」にこそ命がある、エネルギーがある、こういう立場でお話ししますので、その点、誤解のないようにお願いします。

（『身辺の日本文化』講談社学術文庫）

この場合、「醜」とは、不調和や無秩序とだいたい同義で使われている。そして、京都の四条河原町《しじようかわらまち》がすばらしいという外国人の言葉を引いたあとで、多田は次のように解説する。

ひじょうに乱雑で、しかも総合的なのです。……雑多なものがゴチャゴチャとあって、しかしよく見るとすべてがあるという、不思議な構造になっている。すべてがあるというのは、ふつうヨーロッパの感覚でいくと、シンセシスです。ところが総合されてない、ばらばらなのです。

（同書）

たしかに、われわれ日本人の体内には、不調和や無秩序という意味での「醜」を排除しない傾向、つまり「歪《ゆが》み」を取り込んだ生活世界を求める傾向があるようだ。茶の湯で欠けた茶碗《ちやわん》や歪《いびつ》な茶碗などのおもしろさがもてはやされるのも、日本庭園の敷石がわざと不ぞろいであるのも、その例であろう。フランス料理のフルコースの場合、すべての食器を同じデザインで統一しているが、和食の懐石料理の場合は、それぞれの器が少しずつ違っている。ヨーロッパのバレエでは、胴体の円筒を軸とした回転運動を中心とし、あくまでもシンメトリカルな美を強調するが、わが国の日本舞踊、とくに舞踏では、手足の微妙な動きをはじめ肉体の折れ曲がった姿を好んで表現している。

大陸の整然とした都市を模倣した平安京の形は、たちまち歪んでしまった。私なりの感想を付け加えれば、堀川《ほりかわ》通りから西（つまり当初の市街の西半分）はまだ原初の平安京の雰囲気らしきものが残っていて、殺風景ながら広い道がまっすぐ延びており、なんとなく大陸的な雰囲気が漂っているが、それに対してくねくねと曲がった道が山腹に交差する東山《ひがしやま》は、いかにも日本的な風景である。

「うち」と「そと」

このことを、ちょっと角度を変えて見直してみよう。建築家の芦原義信《あしはらよしのぶ》が指摘しているが、日本文化のベースには床があり、床の敷かれていない「そと」は汚れた空間であるが、「うち」は清浄な空間である。人々は履物を脱いで「うち」に入る。そして、われわれが大切にするのは「うち」からの風景であり、けっして「そと」からの風景ではない。家の中から「そと」がどう見えるかには神経をすり減らすが、家が「そと」からどう見えるかには無神経である。

だから、金閣《きんかく》寺や銀閣寺の庭は息を呑《の》むほど美しいが、その庭を囲む塀が「そと」を通る人にどう見えるかには関心がない。鴨川沿いの料理屋から東山がきれいに見えることには興味があるが、自分たち料理屋の並びが鴨川の反対側からどう見えるか（ひどく不ぞろいな醜悪な景観である！）には何の興味もない。だから、どうしても道路沿いの窓に花を植えるヨーロッパ人の感覚がわからない。欧米の名だたる海沿いの観光地は街路樹の植えられた美しいプロムナードが延び、それに沿って華麗な建物が並んでいるのに対して、われわれは海がどう見えるかには興味があるが、海からどう見えるかまったく無関心なので、湘南《しょうなん》の海岸も「そと（海）」からは、ただの殺風景な光景が広がっているだけである。

こうした事例を見ていくと、日本の商店街の外観は恐ろしく猥雑《わいざつ》であるが、一歩踏み込むや（一般に）内部はうってかわってこぎれいなこともうなずける。地上の商店街の狼藉《ろうぜき》とは対照的に地下街は磨き上げたように整然としている。道路を含めた「そと」は「余り」なのであり、だから道路には名前がついていないのだ（とすると、すべての道路に名前の付いている京都は、やはり「異国」である）。「そと」は見えないところ、気にかからないところ、いや極端に言えば「無」なのである。

第一次輪郭線と第二次輪郭線

さらに芦原義信は、ヨーロッパの諸都市と比較して日本の街が猥雑な印象を与えるのは、建築物そのものが形づくる第一次輪郭線に比例して、それに付属している物が形づくる第二次輪郭線が占める割合が高いからであると指摘する。

……わが国の商店街等の街並みを観察すると、そで看板のような建築の外壁から突出しているものが非常に多く、視覚構造としての街並みを決定しているものは建築の外壁ではなく、これら突出しているものである場合が多い。その上、その突出しているものの中には一時的な目的のものや、ひらひら動くものまであって、固定的で安定した街並みの視覚構造をつくることをますます困難にしている。大売出しや、新着映画、新発売レコード等を宣伝するための大きい垂れ幕や、春や秋の売出しのための桜の花や紅葉のプラスティック製の飾り、道路にとびでた置き看板等のような、動いたり臨時的なものから、鈴蘭《すずらん》灯、電柱、電線、電柱看板のような道路の邪魔ものや、高く、低く、折り重なって見えるそで看板にいたるまでそれはそれは種々雑多である。

（『街並みの美学』同時代ライブラリー、岩波書店）

建築物の外壁がかっちりと統一されていれば、そこにかなりの突起物を取りつけても全体として調和が崩れることはない。横浜の中華街がどぎつい装飾に満ちていながら、意外に整然としていることはわかるであろう。しかし、一般的にわが国の街では、小さなビルに不似合いなほど巨大な広告塔が林立している。（鳥取駅前の写真④を参照）

写真⑤はJRの函館《はこだて》駅舎である。せっかく優雅な駅舎を建てたのに、その形を徹底的に破壊している。先の明大前商店街の写真①（7ページ）では、建物自体の外壁の形はおよそわからず、ただ電柱と看板と飾りが無秩序に乱舞している。

日本人は旗や看板や広告塔などの小物体を公共空間に設置することに何の抵抗もないのだが、とくに垂れ幕・横断幕は大好きのようだ。デパートや警察のビルには何本もの垂れ幕が風にはためいており、駅には「駅をきれいにしましょう」とか「煙草のポイ捨て禁止」という馬鹿でかい横断幕が掛かっている。「これがいちばん汚い」と私が主張しても、どうしてもわかってくれない。歩道には、巨大な車が乗り上げており、膨大な数の自転車が停めてあり、さらに各店の棚がずんずん進出してくる。「そと」はどこまでも「余り」であるから、必要に応じてどんどん空間は物で埋められてゆく。それにもかかわらず、人びとはさして不満気もなく身体を捩《よ》じらせて狭い歩道を歩いている。

芦原は指摘していないが、もう一つ猥雑さの原因があるように思う。それは、看板の文字が画数の多い漢字で書かれており（しかも、それらは縦書きも横書きも可能である）、さらに平仮名、片仮名、ローマ字が併用されている。これらが入り乱れている看板は、アルファベット二十六文字に限定されており、「画数」が少なく、およそ横書きの欧米の看板に比べて猥雑なのは確かであろう。

④鳥取駅前

⑤JR函館駅

繊細な人の鈍感さ

このあたりで、話題を変える。

江《え》國《くに》香《か》織《おり》は、私の好きな作家だが（美人だし）、一つだけどうしてもわからないことがある、いや、わかるのだが不満なところがある。あるとき、『泣く大人』（角川文庫）を読んでゆくうちに、次の箇所にぶつかった。

> 三年前に、はじめて山形にいった。初夏で、風がやわらかく、色のきれいなところだと思った。色というのはあらゆるものの色、木や道や車や屋根や、人や水や空や看板の色。空気が澄んでいるせいかもしれない。

そう思いたい気持ちもわかるが、私の印象では、原色の巨大な看板で埋め尽くされ、頭上には電線がとぐろを巻き、けたたましい騒音に満ちている商店街の醜さはやはり果てしがなく、けっして「屋根や、看板の色」がきれいだとは言えない。いや、それよりも、山形に行くのに彼女が東北新幹線を使ったのだとすれば、どうして山形まで不快感なく行けたのであろうか？　飛行機で、あるいは車で行ったのかもしれないが、飛行場からの景色、国道沿いの景色はやはり醜悪である。

東北新幹線の東京駅は私にとってまさに地獄である。各ホームでは、人が一定の線を越えてホームの端を歩いていると、「おさがりください！」という放送が続く。もちろん、あの甲高い鼻声で。混んでくると、乗客は次々にその線を越えるものだから「おさがりください！　おさがりください！　おさがりください！」という絶叫が繰り返し轟《とどろ》く。そして、そのあいだも列車が入ってくると「下り××号××行き、停車する駅は××、×、××……禁煙車は×号車、×号車、グリーン車は×号車、×号車……」という放送がそれと溶け合って轟音《ごうおん》で流される。

扉が開いて、列車が発車するまで今度は「ホームと列車とのあいだが空いておりますのでご注意くださ い！　ホームと列車とのあいだが空いておりますのでご注意くださ い！　ホームと列車とのあいだが空いておりますのでご注意ください！」という絶叫がたえまなく（百回以上）流れる。胸が苦しくなり、いや身体全体に鳥肌が立ち、生きた心地がしない。

乗り込むと、たったいま聴いたばかりなのに、「下り××号××行き、停車する駅は××、×、××……禁煙車は×号車、×号車、グリーン車は×号車、×号車……」と一定の時間をおいて繰り返される。さらに、「盗難の恐れがありますので、ハンガーに掛けた洋服などにご注意ください」などのバカ管理放送も流される。

五分で上野《うえの》駅に着くのに、また上野を出るとき、「下り××号××行き、停車する駅は××、×、××……禁煙車は×号車、×号車、グリーン車は×号車、×号車……」と案内される。

上野駅を発し地上に出ると、車窓にはどうしたものかと思われるほどのごたごたした醜悪な家並みがどこまでも続く。そしてたまに見える田畑には巨大な看板がふんぞり返って自己主張している。その日は大宮まで行っただけだったから、どうにか助かったが、それにしても上野から大宮まですさまじく醜い車窓風景であった。ウィーンの西駅を出てからの緑に包まれた車窓風景と比較して、げんなりしてしまう。

秋葉原で三時間の読書！

江國さんの同じ本の少しあとには、次の文章もある。

夫に贈られたもので嬉《うれ》しかったのは回数券だ。……どこにもでかける用事はなかったが、回数券はたくさんあって、おかしいけれどちょっと高揚した。その金額でいかれる区間の、どこで降りてもいいのだ。私はすっかり嬉しくなって、たっぷり半日かけてその線の各駅散策をした。おいしい洋菓子屋と、感じのいい陶器屋を見つけた。その日に買った赤絵のすこしひらたい菓子鉢は、いまもとても気に入っている。

「おいしい洋菓子屋と、感じのいい陶器屋」は、たぶんその通りなのであろう。だが、「そこまで」の地獄のような騒音と醜悪な色彩と形態に満ちた街路を歩いて、彼女は苦しくないのだろうか？　たぶん、苦しくないのだろう。まったく気にかからないのであろう。そして、ゆったりと「赤絵のすこしひらたい菓子鉢」を買ってくることができるのである。これは、私にとっては不思議というほかはない。

「サウンドスケープ（音の風景）」を提唱する人びと（サウンドスケープ論者）も、騒音に満ちたわが国の音環境に不満を覚えている。そこまでは私と同じである。しかし、彼らは、それから考えられないほど違う方向に進む。劣悪な音環境に直接怒りをぶつけるというのではなく、日常生活における「よい音」に積極的に耳を傾けようとするのだ。そうした体験を重ねていけば、やがて人々はよい音環境を望むようになるだろう。だから、彼らは、「明治神宮で虫の音を聴く会」とか「江ノ島で波の音を聴く会」とかを催している。

だが、明治《めいじ》神宮《じんぐう》に行くまで、江ノ島に着くまで、私はどうしたらいいのか？　どうも彼らも（江國さん同様）、轟音地帯を抜けるときは外界から音を遮断する特殊技術を身につけているらしい。そして、明治神宮に着くや否や、突如「虫の音を鑑賞できる耳」にすげ換えることができるらしい。だが、私はそんな器用なことはできない。

江國香織の作品は、繊細で高度の美意識に満ちていて、生活の隅々に至るまでいっさいの醜いものが混入してはならないという固い信念に貫かれている。だからこそ、彼女に対して過大な期待も生じ、点が辛くなってしまうのである。きわめつけは次の箇所。

私はこれを読んだとき、まさに驚きのあまりあっと声を上げてしまった。

犬のワクチン注射とシャンプーの日。夫に頼んで動物病院まで車に乗せてもらった。犬をあずけたあと、家に帰れると思ったら、そのまま誘拐のように秋葉原まで連れていかれてしまう。……男の人はみんな電器店が好きなのだろうか。夫が電器店クルーズをしているあいだ、いつものように道端で本を読んで待つ。三時間もあったので、読みかけだった……を読み了《お》えた。

なんで彼女はあの秋葉原で読書できるんだろう？　それも三時間も！　私は恐ろしくて秋葉原にはずっと行っていない。すでに十二年前になるが、日本サウンドスケープ協会主催の「秋葉原サウンドウォーキング」に参加したところ、原色の看板とすさまじい轟音の集中砲火を浴びて途中で気分が悪くなり頭が痛くなり、とうてい規定の一時間からだがもたなかった。（写真⑥参照）

ついでに、もう一つだけ彼女との感受性の違いを。ある青年（透）と彼女自身を彷彿《ほうふつ》とさせる美しい年上の女（詩史《しふみ》）との恋愛を描いた『東京タワー』（新潮文庫）は、次の文章で始まっている。

世の中でいちばんかなしい景色は雨に濡《ぬ》れた東京タワーだ。

だが、私にとって東京タワーは（雨に濡れていなくても）別の意味で「世の中でいち

⑥秋葉原（東京）

ばんかなしい景色」である。航空法のためであることは承知のうえだが、あの赤と白のまだら模様は醜悪である。芦原義信が言っているが、東京タワーの真下、四脚に挟み込むようにビルを建てるのは悪趣味である。だが、何より醜悪なのは、パリのエッフェル塔を露骨に模したその外形である。しかも、そのエッフェル塔よりわざと十数メートル高く設計したとは！　東京タワーが建ったのは、私が小学校六年生のときであった。世界でいちばん高い塔という触れ込みで。貧しい国の貧しい思想が透けて見える。

芸術家は醜さに敏感か？

江國香織ばかりを責めるのは酷であろう。「芸術家＝醜さに敏感な人」と考えるとしたら大まちがいである。むしろ、美を追求している彼らは、（いわゆる）醜さに対して最も寛大な人種なのかもしれない。

京都の西陣《にしじん》では、いまだに街路にはトントンという機織りの音が聞こえてくるが、電柱は折れ曲がった街に林立しており、いたるところに「親と子の心の絆《きずな》しっかりと」とか「ふれあいと対話が育てる子の未来」とかのバカ管理標語が林立していて、（悪いけれど）まことに醜い風景である。だが、そこに住まう美に生涯を賭《か》けている職人たちから、電柱・電線・看板の醜さを告発する声は聞こえてこない。

職人たちは、自分たちの仕事以外の外界には無関心なのだ。庭師は庭だけ、陶芸家は陶芸だけに美を求め、彼らが暮らす空間の醜さには徹底的に無関心なのである。彼らは美一般を求めているのではない。ただ、彼らに関心のある一ミクロンの土地において美を求めているだけである。彼らの生き方は、ニーチェが揶揄《やゆ》したように「蛭《ひる》の脳髄」だけを研究している狭量な学者と同じである。

では、こうした伝統職人ではなく、現代芸術家はどうであろうか？　困ったことに、私の体験的感想では、彼らのほとんどもまたゴミ溜《た》めのような日本の街を嘆いてはいない。猛烈な怒りを覚えていない。

先ほど紹介したサウンドスケープ協会には芸術家がたくさん参加しているが、彼らの報告は、風によって少しずつ違った音色が出る風車とか、地下鉄の各駅にその駅近くの「なつかしい」音を流す企画とか、各部屋でテープから野鳥の声が聞こえる養老院とか……何かを「創る」ことに収斂《しゅうれん》されている。いま・ここで、これだけ劣悪な音環境が広がっているのに、「どうにかしなければ」とそれと真剣に取り組む人は稀《まれ》である。「よい音環境」には、絶大な興味を示すのに、「悪い音環境」に対しては、ほとんど興味を示さないのである。だから、彼らのほとんどは、一緒に渋谷や六本木を歩いても、私と違って、あのめちゃくちゃな音環境にからだの芯《しん》まで打ちひしがれることはない。「ひどいですねえ」と冷静に受け止めるだけである。

東京はポストモダン都市？

さらに、「美」を求める芸術家は、ただ単に「醜」に無関心なだけではない。「美」と

「醜」の常識的な区別を嫌うのも、じつは彼らなのだ。かつて「美」とされてきたものに対しては、おうおうにして「つまらない」という評価を与え、かつて「醜」とされてきたもののうちに「おもしろい」ものを見出《みいだ》そうとする。こうして、（建築家や写真家などを含めた）現代芸術家は、平凡な調和や、定型的な秩序を嫌う。多摩ニュータウンが典型だが、マッチ箱の並んだような無味乾燥な団地の風景には、総じて批判的である。現代芸術家は「人間性」を取り戻す方向にシフトしているのだ。この大きな流れの中で、猥雑《わいざつ》至極の駅前商店街も「人間的ふれあい」があるかぎり、たとえそこに電柱や看板が林立していようとも、及第点をもらえることになる。

こうして、日本の街の無秩序な景観は、西洋の街を支配する統一的景観とは異なるが、それなりに魅力的なものとして見なおされ、むしろ近年脚光を浴びている。東京のキッチュな建物群、その無秩序の魅力が、ポストモダン的雰囲気を醸し出しているとして評価されている。われわれは、そうした「なつかしい」光景に自信を取り戻すべきなのだ。

かつて、欧米人たちは、はっきりとした悪意をもって日本の醜さを貪欲《どんよく》に映し出そうともくろんでいた。二十五年ほど前、私がウィーンに滞在していたころに購入した世界各地を紹介する雑誌『MERIAN』の"Tokio"という特集は、下品な看板で埋め尽くされた醜悪きわまりない写真から始まっている。（写真⑦⑧）

そのころ、ウィーン在住の留学生仲間たちや客員教授たちに見せると、みな一様に恥じ入った。さらに反応は「この通りだからなあ」と肩を落とす者とその悪意に憮然《ぶぜん》とする者に分かれた。だが、いまや自信を取り戻したわが同胞たち、とくに芸術家たちは、みずから率先してわが国の醜さを欧米に紹介しようとする。いや「きみたちの眼には醜く映るかもしれないけれど、よく見てごらん、なかなかおもしろいだろう？」という余裕のある態度で欧米人に接する。醜さを含めた祖国の高い文化に、その普遍性に、その底力に自信をもっているからである。

九年前、荒木経惟《あらきのぶよし》がウィーンの分離派美術館という美術の殿堂で写真展を催した。それは、ことさら日本の醜さを強調するものであった。そして、たいへんな称賛を浴びたのである。荒木経惟ほど有名ではないが、東京の猥雑なところばかり撮っている金村修《かねむらおさむ》という写真家がいる。彼の写真集『SPIDER'S STRATEGY』（河出書房新社）に、建築界の大御所・磯崎新《いそざきあらた》が「あとがき」を書いている。

ここにはパリの理性、ニューヨークの欲望にたいして、東京が抱いている《都市》としての本性、〝なし崩しの構築〟が露呈している。それを可能にしているのは、金村修のカメラを介しての記法である。想《おも》い入れもない、構成もない、ドラマもナラティヴも消え去っている。建物と自転車と看板と電線の区別さえない。すべての物品の表層から由来や名称が消えている。意味という価値さえ取り払われている。透視図法による単眼という主体さえみいだせない。おそらく、あらゆる存在の痕跡《こんせき》を、細心の注意をはらって消そうとしているに違いない。そのあげくに写真として

er sich um kosmetische Operationen hätte Gedanken machen können. Nur jeder dritte Haushalt beispielsweise ist an die Kanalisation angeschlossen, bei den anderen erscheint zweimal monatlich ein Pumpenauto mit weißbehandschuhter Besatzung, die Gruben zu leeren. (Übrigens: Vier von fünf Tokioern schlafen noch auf dem Fußboden, d. h. auf der dünnen Tatami-Matte aus Reisstroh; was uns heroisch erscheint, erspart ihnen vielleicht Bandscheibenschäden.) Und Problem Nummer 1 ist auch hier die Luftverpestung. Aber in deren Bekämpfung ist Tokio rigoroser als alle anderen Weltstädte, rigoroser im Bewältigen seiner Verkehrsprobleme, unkonventioneller in einer neuen Gesamtplanung seiner Zukunft. Und das macht schließlich die eigentliche Verzauberung, das Abenteuer, das Tokio zu bieten hat, daß man sich einer Lebensform gegenübersieht, in der uralte Überlieferungen mit modernsten Erfordernissen in einer ständigen Auseinandersetzung begriffen sind. Tokio hat Mut, den Mut, immer neu zu beginnen. Dynamik und Tempo gehören zu seinem Temperament. Das sind Leidenschaften, die auch häßliche Züge schön machen.

opäer, den sein Beruf oder
rde nach Japan führt, ohne
es Japanischen voranging,
chlußreiches Erlebnis zuteil:
gefallen, sieht er sich wieder
nd des Analphabeten zu-
rontiert einer Bilderschrift,
fferbar vorkommt, daß er
zudringen versucht und sich
venn ihm Telefonnummern
die Reklame einer Immobi-
ten scheinen. Kein Straßen-
utbarung, die er lesen kann.

Und mit seiner sprachlichen Verständigung steht's nicht viel besser. Zwar beherrscht jeder tausendste Japaner ein europäisches Idiom – so weiß es wenigstens die Statistik. Aber der, den man anspricht, weil er hinter seiner Brille so intellektuell aussieht, ist meistens gerade Nummer neunhundertneunundneunzig.
Ausgesetzt also in der größten Stadt der Welt. Daß sie nicht „schön" ist, hat man schon hinlänglich zur Kenntnis genommen: Selbst Japaner machen daraus keinen Hehl. Dieser Gigant ist viel zu schnell gewachsen, als daß

⑦⑧雑誌『MERIAN』ドイツ・ハンブルクで発行されている大手旅行グラフィック雑誌。この「東京」特集号では、パチンコやラブホテル、日本庭園や満員電車といった日本の文化・風俗を取り上げて説明している。

定着されている光景は、当然のことながら、溶解する都市の排泄物《はいせつぶつ》、崩壊する都市の瓦礫《がれき》に近づいてくる。カメラという近代的主体の視線のメカニズムを模倣《もほう》した不細工な機械にたよりながら、ひたすら、産出物にあらかじめ与えられていた意味や名称や関係や序列や価値を消し去るやりかたで写しとる。並々ならぬ注意と強力な自制がないと成立しない、こんな力業によって一瞬の描写をすることが、実は、反転して、東京という《都市》の溶解し、自壊しながらも、それでも妙なエネルギーを発散しつづける深層にひそむ特性に迫ることを可能にしているのではないか、と私は考える。

「おいおい、寝言をほざくなよ」と言いたい。美辞麗句で飾り立てた文章のうちには何の「怒り」もない。この凄《すさ》まじい醜さに怒りをぶつけるのではなく、いろいろ言葉を尽くして「……、と私は考える」という悠長な姿勢を崩さないのがこの建築家なのであり、この国の少なからぬ建築家も同じなのであろう。

こうして、いまや私のようにストレートに日本の街が汚いと言っても、芸術家であればこそ、なかなか耳を傾けてくれない。むしろ、そういう「古い考え」をあざ笑うようなところがあるのだ。

ヨーロッパ人も日本の「醜さ」を評価するようになった？

『東京人』という雑誌があるが、ほぼ全ページにわたってわざわざ東京の醜さを強調するかのような写真で埋まっている。きれいなビルの手前を遮る幾本もの大蛇のような電線、ごたごた限りなく無秩序な商店街、ペンキの剝《は》げた剝《む》き出しのベニヤ板に張りついている古い広告……と私が非難を浴びせている光景が堂々と選ばれてそこに掲載されている。しかも、ネガティヴなメッセージどころか、「大好きな東京」という肯定的メッセージを付け加えて！

もう十年以上も前になるが、『東京人』のあるシンポジウムで、私はいつまで待ってもパネリストたちが東京の醜さに触れないのに業を煮やし、「古いなつかしい町を守るのもいいのですが、あの電柱や電線や看板など何ともないのですか？」と質問してみた。だが、ある有名な東大教授は、「でも、ヨーロッパ人を歌舞伎町に連れていったら『これはすばらしい』と賛嘆していた」と答え、会場はどっと笑いに包まれた。タウン誌『谷中・根津・千駄木』の編集人であるとともに古い町を見なおす運動のしかけ人でもある森《もり》まゆみさんの答えは「といっても、地下は管を通すにはもう場所がなくてかわいそう……」というお茶を濁したものであった。

つまり、四名のパネリストの誰からも真摯《しんし》な答えを得られなかったのである。サウンドスケープ論者が毎日通過する商店街や駅などの騒音に実存を揺すぶられるような醜さと不快感を覚えないように、どうも古い町を蘇《よみがえ》らせようとし、古い町名を残そうと努力している文化人たちは、私が訴えているような商店街の醜さに対しては、最も関心が薄いようである。

いや、事態はもっと深刻である。一九九八年に、ウィーン大学で八ヵ月の在外研究の機会が与えられたが、「相互文化哲学（Interkulturelle Philosophie）」の大学院演習のとき、私は「お忘れ物のないようご注意ください」とか「空《す》いた扉からご乗車ください」といったような人を馬鹿にしたわが国の管理放送の洪水について詳細に発表した。十数名の聴衆からの反応は「でも、そういう文化なのだからいいではないか」「かならずしも何の放送もないヨーロッパの状態がいいわけでもない」等々、「ヨーロッパ中心主義」を脱し、「相互文化哲学」の大学院生らしい模範的な回答だった。彼らは必死になって近代ヨーロッパの諸原理を反省している。いや、反省しすぎている。よって、いまや近代西欧型個人主義を高く掲げると、「古い！」と言ってふんとそっぽを向かれる、こういう変な構図になっているのだ。

路上観察学会

というわけで、苦戦は承知のうえである。いや、負け戦は覚悟している。そのうえで、もう少し主張を続けよう。テレビでは、商店街の活性化とか美しい街づくりについての番組がたびたび放映され、各自治体でも市民たちが集って「ふれあいの街」造りに勤《いそ》しんでいる。しかし、私の提唱、つまりそびえ立つコンクリートの電柱、幾重にも頭上を駆けめぐる電線、原色の巨大な看板、風に揺れる安直なセルロイドの桜や紅葉、歩道にずんずん押し出されてくる商店の棚や旗や垂れ幕、さらにその上に乗り上げている巨大な車や膨大な数の自転車、機関銃のようにわれわれの耳に襲いかかる宣伝放送をなくしてほしいという意見は、完全に押しつぶされる。

みんな、そうした猥雑空間をそっくり残したまま、凝った街灯を取り付けるとか、きれいなタイルを歩道に張るとか、花を飾るとか、アンティークの電話ボックスを造るとか、小さなベンチを置くとか……つまりさらに「付け加える」運動を熱心に開始する。こうして、商店街はますますごたごた猥雑になっていくのだ。

「路上観察学会」というものがある。建築家の藤森照信《ふじもりてるのぶ》や画家で作家の赤瀬川原平《あかせがわげんぺい》やイラストレーターの南伸坊《みなみしんぼう》などが街に繰り出して、つぶさに肉眼でその風景を観察するのである。テレビでも観たが、サウンドスケープ協会の人々に対する違和感と同じ違和感にとらわれた。彼らは醜いほどどぎつい看板の洪水、いたるところに垂れ下がる垂れ幕……などにはまったく無関心に、にこにこ顔で「あっ、こんなところにお地蔵さんがあった」と感動してカメラを向け、空から響く轟音《ごうおん》の宣伝放送がまったく聞こえないかのように、頭上でとぐろをまく電線がまったく見えないかのように、青空を見上げて「あの屋根の形おもしろいですねえ」と言って、またカメラのシャッターを切るのであった。

東京の商店街は「きりりっとしている」？

山崎正和《やまざきまさかず》と丸谷才一《まるやさいいち》との対談を載せた『日本の町』（文藝春秋）という本がある。金《かな》沢《ざわ》、小樽《おたる》、宇和島《うわじま》、長崎、西宮《にしのみや》、芦屋《あしや》、弘前《ひろさき》、松江《まつえ》、東京という雰囲気のよさそうな都市をふたりが訪れて、談話したものである。その中で、（私にとって）驚くべきことに、東京の商店街について、こんな悠長な主張がなされている。

山崎　たとえば、私が東京を歩いて本当に好きなところというのは、銀座でもなければ新宿でもないんで、どこにでもある駅前の小さな商店街の、実に律儀《りちぎ》な、こぢんまりした風情《ふぜい》なんです。みんな間口二間ぐらいの小さな店で、いまは少々洋風にしてますが、薬屋さんの隣は魚屋さんで、その隣が八百屋さんというように、小さな商店街を形成しています。あまり豊かでないことは明らかだ。基本的には貧しい庶民中の庶民です。ところがね、奇妙なことに貧しいという感じがしないのですよ。貧しさの持っているいぎたなさがないというのかな、きりりっとしている。

こうした商店街も、草の根をかき分けて探せばどこかに発見できるのかもしれない。だが、中央《ちゅうおう》線沿線の西荻窪《にしおぎくぼ》や阿佐《あさ》ヶ谷《がや》、井の頭線沿線の久我山《くがやま》や浜田山《はまだやま》、京王線沿線の千歳烏山《ちとせからすやま》や下高井戸《しもたかいど》、そして都心の本郷《ほんごう》や神田神保町《かんだじんぼうちょう》など、私がよく知っているごく普通の商店街は、ただただ猥雑《わいざつ》であり、徹底的に不調和なだけである。美意識のまるでない不調和な家並みが続き、その側面や屋根には建物に不釣り合いの巨大な原色の看板が取り付けられており、ことのほか安っぽいセルロイドの桜や紅葉が五メートルおきにぶら下がり、歩道には店の棚が溢《あふ》れ出し、各店頭には盲人用の黄色い点字ブロックもお構いなしに、そして入るのに難儀するほどの夥《おびただ》しい自転車が停めてあり、いたるところに旗が、垂れ幕が、横断幕が風に靡《なび》いている。空き地には、金網にびっしりと金貸しや水商売勧誘の広告が張られており、各商店からはスピーカーが鳴り響き、そして両脇にはコンクリートの電柱がそびえ、頭上には黒々と幾重にも絡み合いもつれ合って電線が延びている。(写真⑨)

これが「律儀な、こぢんまりした」風情なのであろうか？　「きりりっ」としている感じなのであろうか？　私には眼を凝らしてもそう見えない。

なお、電信柱については、後ろのほうで丸谷才一が「これを取ってしまったらどんなに気がせいせいするだろうか」とひとこと触れているが、山崎正和はそれに応じることもしない。

金沢の耐えがたい醜さ

とくに、金沢については、唖然《あぜん》とする会話が続き、唖然とした終わり方をする。

山崎　とにかくこんどの金沢行きは、春爛漫《らんまん》、本当に気持よかったですね。そして、ああいう風光の中で見ると、またあの町は地理的にうまくできてるんですね。

……

ほんとうにきれいな町ですねえ。わたしは例の四高跡の公園で、たばこを吸おうと思ってグルリと見渡したら、とにかくチリ一つ落ちてないんで、これはとてもたばこは捨てられないと思って吸うのをやめたんですが、――灰皿もなかったですね。

丸谷 ただし、一言だけ苦言を呈しておくと、その前の中央公園、山崎さんがたばこの吸いがらを捨てられないといったその公園なんですけれども、なかなかきれいな枝垂《しだれ》桜があって、そのそばにシュロの木があった。枝垂桜とシュロの木は不調和といえば不調和だけれども、そのくらいは我慢する。しかし、シュロの木のそばにブロンズの大きなライオンが一匹いて、これは目ざわりでしたねえ。(笑)

山崎 きれいな町だからライオンが逆に目立つんでね。

丸谷 そうそうたったライオン一匹しか非難するところがないなんて、そんなすばらしい町、ほかにはありませんよ。(笑)

「ライオン一匹しか非難するところがない」とは、「バカも休み休み言え!」と叫びたくなる。私も金沢を数度訪れたが、そのたびごとに醜さを痛感した。

飛行機を利用する場合は、小松《こまつ》飛行場から金沢駅に至るまでバスの中にずっとかかっ

⑨青山（東京）

ているテレビにいら立ち、「ゴミをなくし、美しい町にしましょう!」というバカ放送にいら立ち、市内に入るや街路の両側に幾重にも張られている黒々とした電線(後部の高い座席からはことのほか目立つ)にいら立ち、ちょうど目線のところにある夥しい数の原色の看板にいら立つ。電車で行く場合は、金沢駅に着いたとたんにホームに流れる大音響の琴の音に愕然《がくぜん》とし、駅前の景観の醜さに慄然《りつぜん》とする。兼六園《けんろくえん》はきれいである。しかし、あちこちからガイドのスピーカーが重なり合い響き合って、ゆっくり鑑賞もできない。そこで、あるとき逃げるように成巽閣《せいそんかく》に入ると、「この部屋は……」「ここでは……」という大音響のスピーカーが轟《とどろ》き、私は両耳を押さえて駆けるように外に飛び出した。

別のあるときは、第四高等学校跡の石川近代文学館で静かな気分に浸ろうとしたら、開け放たれた窓から凄《すさ》まじいロック音楽が響いてきた。外に出てみると、何かのイベントを開催している。私は闘牛のように突進し「これじゃ、文学館の鑑賞もできないじゃないですか」と抗議。相手はにやにやしているだけなので、「うるさい!」と雷を落とす。

猛烈な怒りを抱いたまま、武家屋敷が集中している地区に行く。だが、低く風情のある武家屋敷が連なっているからこそ、頭上の醜悪な電線はとりわけ違和感のあるものとして、私のこころに重くのしかかってきた。金沢とは、私にとってこういう町である。

東日本もまるごとアジアである

『東京人』（一九九三年八月号）に、植島啓司《うえしまけいじ》と若一光司《わかいちこうじ》の次のようなアホ対談が載っている。

若一　アジアということで絞れば、――トルコの真ん中からこっちがアジアですけれども、アジア世界を自分の足で歩いて来ますと、大阪までは確かにアジア的なものが脈絡としてつながっている。しかし大阪から東京に行くと、静岡あたりでそれがプッと切れてしまうんです。アジアっていうのは何か言うたら、「内臓的」といえるんですね。何でもかんでも飲み下してしまって、消化が悪かったら下痢をして、とにかく内臓で判断する。それが大阪までできている。それに対して東京は皮膚的です。皮膚レベルで物事を判断する。大阪と東京の間でアジアは終わっているんじゃないか。

植島　ぼくは名古屋あたりで終わっているような気がする。（笑）

こういう観念的会話は、いたるところで見られる。私も大阪（とくにミナミ）に行くとたしかに東京とは違った空気を感ずる。博多《はかた》に行ってもそう感じた。それは、アジア的な何かと言いたくなる気持ちもわかる。だが、それはわれわれ日本人の希望的・観念的なアジア観に基づくものである。

静岡あるいは名古屋あたりでアジアが消えるという「暴言」を吐く人は、浅草《あさくさ》や上野、あるいは歌舞伎町や渋谷センター街、あるいは吉祥寺や下北沢に行って、虚心坦懐《きょしんたんかい》に街の風景を観察してほしい。この猥雑の極致はミナミや中洲《なかす》と少しも違わないのだ。わずかな雰囲気の差は確かに認められる。しかし、それも（数量化は難しいが）九割以上が共通の雰囲気の中で数パーセントの違いが目立つだけである。いわば、ウィーンとプラハとの違いのようなもの。そこに長く住んでいると、同一性の感覚が麻痺《まひ》してしまって違いが目につきやすくなり、違いを強調したくなるだけである。

京都は異国？

『考える人』の二〇〇三年秋号では、「異文化都市『京都』を楽しむ・考える」という特集が組まれている。

京都は「異国」なのだと思います。日本語が通じるのでついつい思い違い（？）をしてしまいますが、少なくとも「東京的」な感覚・尺度がやすやすと通用しない街であるのは確かではないでしょうか。それならばいっそ「異国の街・異文化の街」としてリアルに謙虚に、そして時には大胆に楽しんでみたらどうでしょう。

日本文化のエキスのように思われている京都観に挑む面白い企画だと思うが、多様な記事は、東京とのさまざまな違いの羅列に留《とど》まっていて、なぜ「異国」なのかという問いの本丸に迫ってはいない。これに比較して、やや荒削りながら五木《いつき》寛之《ひろゆき》は、京都はなぜ「異国」なのかすっぱりと切って見せてくれる。少し長いが、引用してみる。

> 話を京都にもどしますと、本来、京都の美というものは、龍安寺《りょうあんじ》の石庭のような余白の美とはちがうのではないかとぼくは思います。
> 石庭そのものが、時間がたってしまって今はああなっているけれども、もしかしたら、かつては、たとえば豊臣秀吉《とよとみひでよし》がはなやかな花見の宴をしていたころは、あの庭の背景はもっと明るく、もっと濃厚なものだったかもしれません。今、さびさびとした感じで見える神社仏閣が、かつては極彩色に飾られ、そしてどぎついまでの原色を誇っていた時代があることを想像しますと、京都の文化というのはもっと華やかで、そしてもっと空間を多く飾り、過剰なまでの装飾概念のなかにある文化だ、という気がします。
>
> ですから、京都の焼き物を見ても、あるいは和服を見ても、余白を生かしていくというよりは空間を埋めていく精神を強く感じるし、それはとりもなおさずヨーロッパのバロックという精神と共通のものだと思えるのです。……
>
> そう考えてみますと、京都の美術・建築、焼き物、染色に見られる美意識は、日本独自のわびとかさびだけではなく、大陸につながる非常にインターナショナルな、

大きな国際的な流れの中にあるものだということがわかってきますし、最もそういうものを多く伝承しているのが、日本ではじつは京都だろう、と思うのです。

(『生きるヒント』角川文庫)

五木寛之の直観は正しいと思う。彼はそれ以上詮索《せんさく》していないが、京都に「異国」を感じる理由は存外簡単である。先にもちょっと触れたが、堀川通りから西の樹木が少なくだだっ広い直線的な街路は、大陸からの輸入品であるから「日本的」ではなく「異国」を感じさせるのである。京都では、どんな狭く短い街路にも名前がついているのだが、これも「異国的」である。つまり、これは東京と京都の違いではなく、武家文化と大陸的＝異国的な貴族文化との違いなのである。神社仏閣に限っても、武家文化に支えられた鎌倉の建長寺《けんちょうじ》や円覚寺《えんがくじ》と大陸的＝異国的な貴族文化に支えられた奈良の東大寺《とうだいじ》や唐招提寺《とうしょうだいじ》との違いは顕著である。

同じように、武家文化と町人文化とも画然と異なっている。武士の住んでいた東京山の手の住宅街の雰囲気は、神田や浅草など町人の住んでいた地区の雰囲気とはまったく異なる。だが、久我山や自由《じゆう》が丘《おか》や荻窪など現代の東京山の手の商店街は、やはり商店街であるかぎり下町の雰囲気と大同小異である。この違いは、いまなお武家屋敷の地区が保存されている金沢や萩《はぎ》などを見れば一目瞭然《いちもくりょうぜん》である。鎌倉がよい例であるが、武士階級と僧侶《そうりょ》階級の住んでいた地区は、簡素で洗練されている。だが、江《え》ノ電《でん》の走る江ノ島から腰越《こしごえ》あるいは長谷《はせ》から和田塚《わだづか》に至る商店街は、どこの町にもある普通の商店街である。

町人の祭である祇園《ぎおん》祭は、あくまでも絢爛《けんらん》豪華であり、祇園囃子《ばやし》は耳をつんざくほどの金属音である。ねぶた祭や竿灯《かんとう》祭をもち出すまでもなく、あらゆる町人・農民の祭は極彩色のぶつかり合いである。日本人の美意識を基層において形づくるのは、じつは（東アジア全体に連なる）けばけばしい原色の炸裂《さくれつ》あるいはすべてを呑《の》み込む混沌《こんとん》なのであり、その表層にうっすらと上澄みのように「簡素を好むわびさびの文化」が浮いているのだ。

こう解釈してこそ、あの駅前商店街の猥雑《わいざつ》さも整合的に理解できよう。あれは、本来「わびさび」を好む日本人が堕落した形態なのではなく、あれこそ本来の日本人の趣味にぴたっとフィットするものなのだ。むしろ、銀閣寺や龍安寺こそ、日本文化の基調から外れるわずかの文化人が好むだけの特殊形態なのである。

日本文化は簡素か？

私の大きな疑問は、高さの不ぞろいな貧弱な建造物が立ち並び、その表も袖《そで》も屋根の上も原色の巨大な看板で埋め尽くされ、電柱が林立し電線が蜘蛛《くも》の巣のように張りめぐらされ、スピーカーの大音響がこだまする日本の商店街を見れば、その猥雑さは一目瞭然なのに、それでも日本人はこの光景を「日本文化」から外してしまう、ということである。

そして、「日本文化は簡素である」という評価が、誰の口からも飛び出す。ベルサイユ宮殿やシェーンブルン宮殿を見物して、とてもこうした装飾過多のしつこさには耐えられない、と告白する。その壁に隙間なく飾られた絵画を見て、われわれだったらもっと「間」を大切にするのに、「無」を尊ぶのに、と語り合う。そして、和室の簡素さを、その床の間に掛けられた一幅の水墨画を賞賛する。

そのあいだ、あの猛烈にけばけばしい歌舞伎町や秋葉原を忘れているのであるから、なんとも不思議なことである。とくに「文化人」がこうなのだから、庶民大衆もそれに自然に口を合わせる。横浜《よこはま》中華街と渋谷センター街や六本木の猥雑さの違いはほんのわずかであるのに、中華街に来ると「ひゃあ、なんだ、このけばけばしさは！」と嘲笑《ちょうしょう》的に批判する。つまり、ヨーロッパ文化は脂っぽく濃厚で、アジア文化は派手すぎて胃にもたれるが、われわれの日本文化は和室のようにお茶漬けのように淡白で簡素なのだ、と思い込んでいる。

こうした思い込みの元凶は何であろう？

仮説であるが、たぶん明治政府が「日本文化」として自分たちの武家文化を普遍化して誇大に宣伝したためであろう。日本固有の文化は、室町時代に完成された茶室や日本庭園やお能などの武家文化から始まったという思想である。この思想のもとで、それ以外の貴族文化や町人文化や農民文化（祭などに見られる）は完全に切り捨てられ、人口の一割にも満たない武士が担っていた武家文化こそが日本文化を代表するものとなったのである。

　もちろん武家文化の中にも、東照宮《とうしょうぐう》や二条城《にじょうじょう》大広間（とくに天井や襖《ふすま》絵）、尾形光琳《おがたこうりん》、俵屋宗達《たわらやそうたつ》、西陣織、加賀《かが》友禅など、絢爛豪華な「バロック」は温存されている。だから、日本文化＝武家文化という等式は、さらに観念的・人為的な構成物なのだ。

　サムライやハラキリとは無縁の先祖をもつ者たち、例えば（日本人の九割以上がそうであった）百姓を先祖にもつ者たちも、日本人であるかぎりサムライ文化を受け継いでいる、という錯覚に陥っている。中国にも朝鮮・韓国にも、武家文化とまがうほどの簡素な文化はあるのに、それを切り捨てて、われわれ日本人だけが、この猥雑な東アジアの中で簡素な美学を鑑賞しうる眼をもっている、と思い込んでいるのである。

　こうした「魔術」は明治からいまに至るまで、われわれを金縛りにしている。だから、この魔術からの解放が、さしあたり必要であるように思う。現代日本人の好む風景の典型とは、（何度でも書く）空はとぐろを巻く電線が覆いつくし、コンクリートの電柱が聳《そび》え、原色の広告や看板が林立し、スピーカーの鳴り響く駅前商店街なのであり、けっして横浜山手の外人墓地付近でもなければ、小樽の石造り倉庫群でもなく、合掌造りの立ち並ぶ白川《しらかわ》村でもない。そして、武家文化の象徴である「間」があり、「無」を考慮した簡素で抑制の効いた街並みでもない。むしろ、これとはまったく反対の炸裂する原色の風景である！　しかも、日本じゅうの商店街が！

読者諸賢に訴えたい。自分が住んでいる町の光景を、自分が通る街の光景をよく見てみよう。よく耳を傾けてみよう。そうすればわかるであろう。「日本文化は簡素である」なんて寝言をほざいてはいられなくなるであろう。魔術から解放されてよく見ること、まさにそこからほんとうの「解決」が生まれてくるように思う。

2　欲望自然主義

日本は美しい

もう一度確認しておく。私は、日本という国土はたいそう美しいと思う。そこに住む日本人たちも、清潔で規律正しく、その穏やかな物腰や趣味のよい服装を含めた外見は比較的美しいと思う。だが、ある特定の観点から見ると、それがおそろしく醜いのである。しかも、その醜い側面が、そこにどっぷり漬《つ》かっている人にとっては「見えない」性質のものであるから、それを指摘してわかってもらうには独特の困難を伴う。

最も粗雑な反応は、「ここは日本なのだ。われわれは日本人なのだ」という宣言のもとに、欧米的価値観を頭から拒絶する態度である。現代日本人は、世界の中でもきわめて相対的かつ客観的に自国の価値（美点・欠点）を判定することのできる優れた国民であって、こういうごりごりの「日本主義者」は少ないのだが、それが街の美観のような感受性の問題がからんでくると、たちまち息を吹き返してくる。大方の日本人が醜いと感じない事柄を「醜い」と断ずると、大いなる反感を食らうというわけである。

前章で少し触れたが、日本人の美意識は世界最高峰だと自負している。ふたたび確認すると、平均的日本人の服装や持ち物や車や家電製品は、世界でも群を抜いてセンスがよく、建築家やデザイナーや料理人の世界的活躍は誰でも知っており、現代都市の美観に限っても、東京や横浜などの「ある面」を見れば一目瞭然《いちもくりょうぜん》である。皇居の緑とコントラストをなす丸《まる》の内《うち》から日比谷《ひびや》にかけての品格ある建築群、周囲に広く空間をとった新宿《しんじゅく》西口の高層ビル街、複雑な起伏に聳える赤坂見附《あかさかみつけ》の華麗なホテル群、ベイブリッジからのウォーターフロントの眺望、横浜駅前の「みなとみらい」など、世界に誇る美観が実現されていると思う。だが、それらはただの「点」なのだ。それらの周辺には、ほとんど美観に何の考慮もされていない猥雑な街並みがどこまでもどこまでも続いているのである。

この両面をしっかり押さえることが重要である。つまり、私にとって、不思議でならないのは、これほどの美意識を有している国民が、なぜにこれほどの猥雑さに耐えていけるのかという一点である。豊かさをきわめ、真剣に取り組めば、すぐにでも電柱や電線を視界から除くことができるはずなのに、なぜしないのか？　壮麗なビルを建てても、なぜそこを膨大な広告で飾り立てるのか？　静かな観光地になぜ雷のようなスピーカーが響き渡るのか？　これほど自然を愛している国民が、なぜ美しい海岸線を破壊してなんともないのか？　芸術作品のように整備された田んぼの真ん中に、なぜ馬鹿でかい原色の広告看板が立っているのか？

挙げればきりがないが、私はずっとこの「矛盾」を考察してきて、一部の学者や評論家が盛んに主張している「日本人はモラルや美意識に劣っている（劣った）から」という類《たぐい》の論法は何も説明しないことに気がついた。では、どんな説明の仕方が可能なのか？

欲望自然主義とは何か？

こうした「矛盾」を解きほぐす一つの有力な武器として「欲望自然主義」という概念に注目することができる。政治学者の神島二郎《かみしまじろう》は、明治以降のわが国の近代化（富国強兵）、その結果としての大陸侵略を駆り立てていた思想的背景を、「欲望自然主義」と名づけている。彼はこのモデルを北村透谷《きたむらとうこく》や高山樗牛《たかやまちょぎゅう》による国家から個人の性欲に至るまでの欲望充足主義に求めるが、明治期まで存続していた武士的エトスが消え去った後、大正期に身を現した新しいエトスであると言う。それは、抑制の原理のない「自動化する欲望」にすべてを委《ゆだ》ねるエトスであり、当然のことながら「膨脹主義」につながる。

> 欲望自然主義は、いわば、西欧近代の個人主義に代位するものであるが、それは、欲望にたいする正直というかたちで、献身の道徳による規制をうける。しかし、その規制は、欲望そのものにおける選択を含まないから、そこでは、欲望相互のときどきの釣り合い以外に本来内在的な抑制の原理がない。だから、一つの欲望の解放は、一波が万波をよぶように、無差別的にあれこれの欲望の解放におよぼされざる

をえず、このような欲望の総花的充足は、必然的に膨脹主義に赴かざるをえない。
(『近代日本の精神構造』岩波書店)

戦後すぐの時期から丸山《まるやま》眞男《まさお》を中心にして、すべてのわが国の精神的風土を欧米との比較による「遅れ」ないし「マイナス面」として説明する図式が確立されたが、こうした解釈はその線上に位置するものである。私が大学に入学した一九六五年当時はまさにその隆盛期であり、日本人の精神構造や行動様式を説明するのに、それ以外のどういう方式が可能なのか、考えも及ばないほどであった。当時から現代に至るベストセラーを概観しても、ルース・ベネディクトの『菊と刀』から始まって土居《どい》健郎《たけお》の『「甘え」の構造』、中根《なかね》千枝《ちえ》の『タテ社会の人間関係』、イザヤ・ベンダサン(山本七平《やまもとしちへい》)の『日本人とユダヤ人』に至るまで、すべてこの枠の中にある。

西洋諸国のアジア・アフリカ支配が凄《すさ》まじいものであったことは視野の外において、わが国の天皇制ファシズムの構造や大陸侵略をこの図式によって説明しようとする圧倒的な「偏見」は是正されねばならないが、私はそれでも、日本人の高度の美意識と猥雑な商店街、あるいは繊細きわまりない自然観とがむしゃらなほどの自然破壊とをつなぐ理にかなった一つの説明様式として、「欲望自然主義」はわれわれの精神構造や行動様式について何ごとかを教えてくれるように思う。

すなわち、欲望自然主義とは、その欲望の歯止めのない大きさを意味するのではなく

（その点にかけてなら、欧米列強の欲望のほうが桁違《けたちが》いに大きい）、欲望の様態を特徴づけるのだ。日本人にとって「自然」とはある決まった領域なのではなく、そこにはいかなる限界もない。まさに人間のなすことすべてが自然なのである。柔和さのシンボルとしての「菊」と攻撃性のシンボルとしての「刀」のように、対立的に見えるものでも、じつは対立しているのではなく、自然に共存している。

前章でも考察したように、欧米人は美を実現する際に徹底的に「醜」を排除しようとするが、日本人はそうではない。「美」のすぐそばに「醜」があっても、それほど気にしないのだ。「醜」が「美」と共存していても目障り・耳障りではないのである。こうして、京都に典型的であるように、清涼な寺院の庭園が原色の看板に埋もれ、電柱が林立し、頭上では電線がとぐろを巻き、それにスピーカーがなりたてるゴミ溜《た》めのような街と自然に共存していることになる。

副詞としての自然

わが国の都市景観について長く研究を続けてきたオギュスタン・ベルクは、「……日本で展開されるのは、一連の『自然の突如出現』、つまりあらゆる分析を拒むさまざまな事件で、事件はそのままの姿で、未来を方向づけながら生起するそのままの形で、当然受け入れねばならないことになる」(Le shintô, *Encycl. perm. Japon*) という森有正《もりありまさ》の言葉を受けて、次のように言っている。

自然の概念そのものにも、こうした考え方の影響が見られる。古い日本語（中国文化伝来以前のヤマトコトバ）には、自然の概念を表わす言葉がなかったが、これは人々が、自然領域を自分たちの領域と区別していなかったことを示している。

（『空間の日本文化』ちくま学芸文庫）

私も以前、日本人にとって「自然」とは固有の領域ではなく「副詞的自然」つまり自然にという意味しかもたない、と論じたことがある（『日本人を〈半分〉降りる』ちくま文庫）。すなわち、わが国では自然は人工や人為の対極にある概念ではなく、むしろそれは微妙な仕方で人為と融合している。考えてみれば、日本人が日常的に眼にする自然とは、なまの荒々しい自然ではなく、きれいに耕作された田んぼや鎮守の森や藁葺《わらぶ》きの屋根を取り込んだなつかしい風景であって、そのまま人為的な風景なのである。

桃の節句における雛《ひな》人形、端午の節句における鯉のぼり、夏休みの林間学校、秋祭り、除夜の鐘等々、日本人の季節感を表す俳句の季語の半分以上は人為的なものである。きれいに整備された田んぼの中を汽車が走り、赤い夕日を背景に電線に鳥が止まっている。これらの光景も紛れもなく自然なのだ。とすると、高度成長と共に、その田んぼの真ん中に工場ができ、巨大な看板が立ち並ぶ光景も、また自然というわけである。自然と人為ははじめから融合しており、すべては自然にこうなってしまうのだ。そして、行き着く先は（丸の内や新宿副都心ではなく）歌舞伎町や秋葉原であり、その凄まじいほどのけばけばしい街の光景も、徐々に自然発生的に「こうなった」のであって、これまた自然なのである。そこは、縁日や村祭りや田んぼと同様、紛れもない自然なのであり、だからこそ心地よいのである。

「おのずから」と「みずから」

日本思想史学者の竹内整一《たけうちせいいち》は、次のように言う。

日本語では、「おのずから」と「みずから」とは、ともに「自（か）ら」です。そこには、「みずから」為《な》したことと、「おのずから」成ったこととが別事ではないという理解が働いています。われわれはしばしば、「今度結婚することになりました」とか「就職することになりました」という言い方をしますが、そうした表現には、いかに当人「みずから」の意志や努力で決断・実行したことであっても、それはある「おのずから」の働きでそう〝成ったのだ〟と受けとめるような受けとめ方があることを示しています。

（『学士会会報』2006-Ⅲ No.858）

「おのずから＝みずから」は、西欧近代的「意志」とは無限に隔たった概念である。「意志」とは、すなわち責任の発生点＝帰属点であるというロックからカントにかけて完成され、現代法にも取り入れられている原理とは、はなはだ異なっている。ただ私が結婚したいと意志しても、さまざまな要因に阻まれ、その通りにはならないかもしれない。このたび結婚まで漕《こ》ぎつけられたのは、私の確固たる意志のみが原因とは言えない。膨大な見通せない原因がうまくはたらいた結果なのである。

これは、これとしてむしろ現実的見方であろう。だが、だからこそ、われわれは自他の行為に対して責任追及の手が緩んでしまうのである。太平洋戦争は「おのずから」成ってしまったのであり、山本七平の言う「空気支配」を当てはめてみれば、開戦当時の「空気」に対してもはや誰も抵抗できなかったのだ。人為現象と自然現象とは、それほどすっぱりとは切り離せない。あらゆる人為現象も自然現象の一部であり、あたかも自然現象のように「おのずから」起こってしまうのである。

象徴的＝観念的知覚

街の景観に話をもどそう。われわれ日本人にとって、秋葉原と桂《かつら》離宮は互いに矛盾することなく、そこにいると同じように居心地がいい。なぜなら、秋葉原は、人為を加えず欲望のまま自然に形成された場所だからであり、桂離宮は、人為の極致でありながら、あたかも人為がないかのように形成された場所だからである。

以上のことから、田んぼや小川ばかりではなく、あのごたごたした商店街も日本人の「心のふるさと」なのだと考えることができるであろう。多くの人びとにとって、稲穂が風にそよぐ田園風景が心地よいように、頭上には電線がとぐろを巻き、原色の看板でびっしり埋め尽くされ、スピーカーがなり立てるあの商店街の光景は心地よいのだ。なぜなら、どう考えても、われわれは、いやいやながらではなく、自暴自棄になってでもなく、工夫に工夫を重ねてああした商店街風景を造り上げているのだから。毎日買い物をする空間である。商店主はいやいやながら不快な空間を造り上げ、客もいやいやながらその不快な空間に足を踏み入れるわけではないであろう。（私にとっては）醜悪きわまりないあの商店街の光景は、むしろ大方の日本人にとって心地よい風景なのだ。

「ふれあい」とか「やさしさ」とか「なつかしさ」とか「活気」とか「季節感」……といった日本人が大切にしている数々のよきものに支えられて成立しているのである。

古来、日本人は自然に親しんできたといっても、その自然とは客体としての自然ではなく、「観念」あるいは「言葉」という人工膜を通してはじめて現出してくる自然なのだ。われわれ日本人は、あくまでも観念や言葉を通して、眼前の自然を楽しむのである。丸山眞男、木下順二《きのしたじゅんじ》、森有正は、ある鼎談《ていだん》でこのことを正面から論じている。日本人の自然観の本質をとらえていると思われるので、少し長いが引用してみる。

丸山　……どうもわれわれは、人間に対するものとしての自然を愛するというよりは、昔から、「月見れば千々《ちぢ》にものこそ悲しけれ」で自然の中に人間的なものを投入し、逆に人間の中に自然的なものが入り込んじゃっているといったほうがいいのじゃないかな。

木下　そういう側面と、何か一つの概念として出来てしまったものは評価し、関心をもつけれども、ことばの本来の意味で自然に存在しているものに対しては関係を持つことが日本人にはできないということとは同じことだと思うね。

森　一人の個人が自然と向かい合うということがない。名所旧跡しか目に入らない。

木下　個という問題がはっきりしていないものだから、だれかがつくってくれた何かに対して自分が順応するという関係になっちゃっている。

森　だから、名所でお酒を飲んだり飯を食ったりして騒ぐ、というのは日本人の特色ですよ。いい景色のところに行くと、自然と自分との間に一種の関係を感じて非常にくつろいでしまう。そこをうたった過去の俳句や詩などをすぐ思い出して、それに感動する。ここで自分は自然と和解していると思って、それでお酒飲んだり歌を歌ったり、もう自然なんか見ちゃいないです。

丸山　しかも、その場合にも、これは江戸時代からそうなんだけれど、たとえば野外の桜見の会などでも幔幕《まんまく》をめぐらしたりして、うちわの間柄を強調する。つまり日常的な社会関係を持ち込んでいる。今は幔幕こそしないが、団体バスとか、家族や恋人と一緒のマイカーなどという日常的な関係を自然の中に持ち込んで楽しんでいるので、やはり個対自然じゃないんだな。

森　……われわれは自然を見て、必ず西行がどう言った、芭蕉《ばしょう》がどういう句をつくったということを考えながら見ている。ああこの岩にはセミの声がしみ込んでいる感じだ、と思いながら見ている。芭蕉を思い出しているので、岩なんか見ていないのですよ。

（「経験・個人・社会」『丸山眞男座談7』岩波書店、強調は原著者）

精神主義

さらに一歩を進めると、田んぼも電線も秋葉原も桂離宮も呑《の》み込んでしまう「副詞としての自然」は、「心のもちよう」ひとつで周囲の劣悪な状況を抹殺できるという日本人特有の「精神主義」と結びつくことによって、ますます象徴的＝観念的になっていく。利休以降、茶の湯も簡素さや静かさを求めるものとなった。その場合、中川真の指摘する次の事実は、きわめて興味深い。

遊興を捨て、静謐《せいひつ》を求める彼ら（茶人・引用者注）にしてみれば、賑《にぎ》やかな市中は必ずしも条件に恵まれているとは言い難い。にもかかわらず利休たちは京に踏みとどまった。困難な場所を選ぶことによって、集中心を高めんとするかのように。

（『平安京　音の宇宙』平凡社）

優れた茶人は、精神的修養によって、明大前や下北沢のようなごみごみした原色の街を通り抜けるときでも、あわてず騒がず、心に静寂を保つことができるのだ。緑豊かな茶室の庭は、喧騒《けんそう》の空間に囲まれてこそ、いっそう静謐なのだ。一流の茶人は、周囲世界の醜悪さを嘆いてはならない。「集中心」によって、いくらでもそれを克服することができるのだから。

こうした観念的自然観が、街の喧騒を削減し猥雑《わいざつ》な景観を改良するという方向にブレーキをかけていることは、わかりやすいであろう。

川端康成《かわばたやすなり》のノーベル賞講演より。

一輪の花は百輪の花よりも花やかさを思はせるのです。開き切った花を活《い》けてはならぬと、利休も教へてゐますが、今日の日本の茶でも、茶室の床にはただ一輪の花、しかもつぼみを生けることが多いのであります。……色のない白は最も清らかであるとともに、最も多くの色を持ってゐます。

（『美しい日本の私』講談社現代新書）

子供のころから、いたるところで、折に触れ、われわれ日本人は、こうして象徴的＝観念的な物の見方をたたき込まれる。「一輪の花は百輪の花よりも花やかさを思はせる」こと、「色のない白は……最も多くの色を持ってゐる」ことを認める訓練をさせられる。しかも、そう考えるのでは駄目である。現にそう見えねばならない。龍安寺の石庭の前で、参観者たちは眉間《みけん》に皺《しわ》を寄せて、ただの砂と石に「豊かな宇宙」を見ようと努めている。

「見えない」眼をつくる

こうした視覚教育は、同時に眼前の物が「見えない」眼をつくる。障子に映る人影は、見えても見えないはずなのであり、襖《ふすま》越しの会話は、聞こえても聞こえていないはずなのだ。

そのように考えてみると、かつての日本の仕切は、内と外を強固に分離するものではない。それは日本における人間関係のあり方を映し出している。障子や襖は人の影や物音を伝え、その仕切の向こう側の存在のかすかな気配を気付かせる。格子《こうし》戸《ど》もまた、内と外を仕切りつつも、相互の気配を感じさせる。こうした仕切は、仕切の向こう側で起こっている事態が仕切のこちら側にわかってしまう。しかし、それが都合の悪い事態である場合、仕切のこちら側の人は、それを聞かなかったこと、見なかったことにする。そこに暗黙の了解がある。

（『「しきり」の文化論』柏木博、講談社現代新書）

これに関して、ウィーン大学日本学科の碩学《せきがく》セップ・リンハルト教授からおもしろい体験談を聞いた。若いころ、北海道で調査をしていたときのことである。ある家を訪れると、少し早めに着いたので、まだ準備ができていなかった。すると、驚いたことに、入口の扉を開け放したまま、調査団の眼の前で家族はばたばた片づけを始めた。そして、二十分も経ってからきれいに片付けられたのを見届けると、家主はじめ家族の者が一列に正座して、あたかもはじめて客を出迎えるかのように丁寧に挨拶《あいさつ》したということである。

蛇足ながら説明すると、彼らは調査団の一行に、その挨拶の前のすべての光景は見えなかったことにしてくれ、と暗に要求しているのである。

先日、文楽を久しぶりに観た。みんなこぞって「不思議なことに、人形遣いが見えなくなる」と言うが、私には最後まで見えてしまい、目障りでしかたなかった。日本人の平均的身体とずれてしまったことを痛感した次第である。

京都で講演したときのことである。狭い路地にコンクリートの電柱が夥《おびただ》しく林立し、その上にまさに蜘蛛《くも》の糸のような電線網が張り巡らされている京都の光景をこれでもかこれでもかと見せた後に質問を求めると、「でも、京都は山紫水明の美しいところですし……」というある婦人の「反論」には驚いてしまった。現実の写真をいくら見せても、観念は寸毫《すんごう》も変わらないのである。

京都ホテルの高層化に坊さんたちが抗議して、少なからぬ寺は拝観を停止した。巨大なダムのような新京都駅に対してはなばなしい批判もあった。フランス人がデザインした鴨川に架ける橋（これは幸い実現しなかった）に反対して、舞妓《まいこ》さんまでもが街頭行進した。しかし、あの河原町通りや木屋町《きやまち》通りの電線・看板・スピーカー音で満たされた猥雑《わいざつ》な商店街に反対する市民運動は皆無なのだ。

何度も体験したことであるが、私が撮った醜悪な電柱・電線の写真を見せると（写真①をもう一度参照）、人々は一様に「こんなですか！」とびっくりする。外に出て「ほら」と頭上でとぐろを巻く電線を指さすと「ほんとうですねえ」と答える。しかし、彼らとしばらく歩いてから「ほら、あそこもまた凄《すご》いでしょう」と指さしても「えっ、どこですか？」とまごつく。すぐに見えなくなってしまうのだ。

思えば、日本画は現実の日本の光景を描いているのではない。現に見える光景ではなく、そう見えねばならない日本の光景を描いているのだ。見えなくなってしまう日本人の眼を描いているのである。

永井荷風の嘆き

先ほど川端康成の文章を挙げたが、志賀直哉《しがなおや》や芥川龍之介《あくたがわりゅうのすけ》や堀辰雄《ほりたつお》や太宰治《だざいおさむ》など、繊細きわまりない美意識をもった作家でも、日本の街の汚さを（深く）嘆くことはない。やはり、知らないうちに一方では「副詞としての自然」に馴染《なじ》み、他方では「心のもちよう」に頼ってしまうからであろうか？　だが、「洋行帰り」の者には、環境世界の醜悪さは、はっきり見えてくる。永井荷風《ながいかふう》の『新帰朝者日記』より。

……丸善書店に出掛けた。その帰り道日本橋通りは電柱の行列と道普請《ぶしん》と両側の粗悪な建築物とで予想外の醜悪な光景に、自分は呆然《ぼうぜん》として却《かえつ》て物珍らしく彼方此方《かなたこなた》を眺めながら歩いて行くと偶然にも向うから来掛る宇田流水に出会つた。……取広げられた往来の石塊《いしころ》や瓦《かわら》の破片《かけら》に躓《つまず》いたり、水溜《たま》りに驚いたり、捨て、ある鋼線《はりがね》に足を取られたり、乱雑に歩いて来る通行人を避《よ》けそこなつたりする度び毎《ごと》に、自分は欧米の市街の美麗を説くと、流水は文明化されなかつた江戸時代の整頓《せいとん》に対する追慕の声を放つた。最後には二人一緒に、現代の日本人は何と思つて居るのだらう。これで立派な世界の一等国になつたつもりで、得意になつて居るのか知ら、改良でも進歩でも建設でもない、明治は破壊だ。旧態の美を破壊して一夜作りの乱雑粗悪を以《もつ》て此《こ》れに代へただけの事だ。

同じ『新帰朝者日記』より。「自分」が『市街美論』という新刊の本を読む件《くだり》。

仏蘭西《フランス》にとつてはゴチックの寺院の塔が永久に高く市街の上に聳《そび》えて居なければならぬものとすれば、日本の都市は到《いた》る処《ところ》、寺院の屋根より高く電柱の丸太を聳《そびや》かし電線の網を以て張り詰められねばならぬ。此れ乃《すなわ》ち日本帝国が文明の為《た》めに過去二千年の特有なる歴史に告別した悲惨なる苦痛の記念である。黒幕に蔽《おお》はれたコンコルドの石像よりも猶《な》ほ悲惨なる記念碑であるから……。

『東京人』という雑誌が、やや古いが（一九九一年七月号で）「東京に注文する」という緊急特集を組み、外国人建築家数名に東京の景観についての感想を求めたところ、「電線があるかぎり都市を美しくすることはできない」「首都改造は電線の地中化から始めよ」「電柱を街の最悪の景観だと思わないのは日本の教育の問題だ」「電柱を一本ずつ木に替える計画を立てるとよい」など、電線・電柱に対する不満が圧倒的であった。

さもありなんと私は思うのだが、こうした美意識をほとんどの日本人は共有していない。現在の日本の経済力をもってすれば、いかなるコストをかけても電柱・電線を地上から撤して埋蔵できるはずであるが、それをしないのは、大多数の同胞がそれに反吐《へど》が出るほどの不快を感じないからである。もし、（私のように）圧倒的多数の消費者が電柱・電線の醜さに苦しくなり、そのため商店街に足を運ばなくなったら、全国の商店街は、どんなに費用をかけても電線・電柱を地下に埋めるであろう。

写真⑩は東京港区の青山《あおやま》通りであり、写真⑪は京都御所近く、そして写真⑫は山口県萩市のメインストリートである。ここでは、わざと響きのいい街を選んでみた。それがこのザマなのだ。われわれは、静謐《せいひつ》な茶室も好めばそのすぐ横のゴミ溜《た》めのような商店街も好む。秋葉原と桂離宮を共に好むのだ。この一見対比的光景を易々と受け入れられること、それが日本人の美意識なのである。

欲望自然主義と世間

日本的欲望自然主義は、みずからの信念（利益）に基づくがむしゃらでいちずな欲望の追求を意味しない。決然とした意志のもと、みずからの欲望の実現に生命をかけるといったホッブスに代表されるヨーロッパ近代人の理念とは相当色合いを異にする。むしろ、それは、前後左右から自分を突き刺す他人（世間）の視線を気にかけた欲望の実現であって、それこそこの国では自然な欲望追求の仕方なのだ。

日本的自我は、はじめからそして徹頭徹尾他人の視線のもとにある。ハイデガーの言葉をもじれば、まさにそれは「世間＝内＝存在」である。だから、「おのずから」とは、たったひとりでゼロから決断するというのではなく、世間における他人の視線を考慮して、しかも――頭で考慮してではなく――いわば「からだ」で考慮して、複雑な要因からなる状況にさからわず、いっさいのはからいを捨てて、まさに自然に動いていくことである。

この自然な運動を導く原理原則は何もない。誰も正確には自分がどこに向かっているのか知らない。だから、人々は危機的状況に直面すると、みんな一緒に一丸となっていっさいのはからいを捨てて自然にある方向に動いていく。太平洋戦争開戦前夜でもそうであったし、石油危機のときのトイレットペーパー争奪戦もそうである。

みんなが駐輪していれば、駐輪禁止という看板の林立するただ中にスーッと自転車を

⑩青山通り（東京港区）

⑪京都御所近く

⑫「小京都」萩の目抜き通り

停める。みんなが列を作って整列乗車をしていれば、どんなにくたびれていても列の末尾にきちんと並ぶ。しかも、各人は決して完全に受身的にみんなの行動に従っているのではなく、各人が状況をみずから作りながら（納得しながら）それに従っている。こうして、駐輪禁止の立て札の中に夥しい自転車が停められている光景も「おのずから」かつ「みずから」という意味で自然なのであり、新宿駅で私鉄の最終特急を待つ人々の作る整然とした列も「おのずから」かつ「みずから」という意味で自然なのである。

3　奴隷的サービス

日本人客室乗務員と欧米人客室乗務員の違い

街の景観から「人間の風景」に視点をずらすことにしよう。あなたは街を歩く。電車に乗る。タクシーを利用する。銀行にいく。買い物をする。レストランに入る。すると、ただちにあなたの眼に耳に飛び込んでくるのが、この国の人々があなたに提供する独特のサービスである。

そして、——これも大方の日本人とはずいぶん感受性を異にすると自覚しているが——私はその大部分が不快であり、しばしば醜いとさえ思うのだ。笑顔を絶やさない柔和でへりくだった全身の皮膚の内側に、客に対する巧みなマインドコントロールを認めてしまい、「お客さまは神さまです」という態度のすぐ裏に、きわめてドライな経営戦術を認めてしまうのだ。

その定型化された礼儀正しさが、表面的にそうした態度に出ていれば何が起ころうと大丈夫だ、という手堅い保身術に見えてしまうのだ。客の口調や表情を正確に把握して、それに対処するのではなく、「とにかく謝っておけばいい、とにかく頭を下げておけばいい、とにかくお客さまと衝突しなければいい」という姿勢が透けて見える。こうした態度は——もし文字通りそうなら——客を丁重に扱っているふりをしていて、軽視している、いや無視している。つまるところ、本心から出た丁重さではなく、営業的丁重さなのであるから、不誠実で醜い態度ではないかと思う。

もちろん、こうした営業的丁重さはどの国にもどの文化にも見られる。だが、例えば欧米のサービスと比較して、その天地のような違いに驚かされる。

私はウィーン郊外に家を借りていて、年に数回訪れる。ウィーンに行くには、直行のオーストリア航空を利用するが、そこには数名の日本人客室乗務員も乗っている。彼らの態度とオーストリア人客室乗務員の態度との差異は印象的である。

エコノミークラスを利用する場合、両国客室乗務員の接客態度の落差はことのほか激しい。日本人客室乗務員が笑みを絶やさず、客の前では卑屈なほど柔和に応対するのに対して、オーストリア人客室乗務員は大木のように突っ立って、はるか上から平然と私を見おろし「何か用か？」という態度。食事のときも「チッキン？　フィッシュ？　チッキン？　フィッシュ？」と通路で鶏に餌でも撒《ま》くようである。それに引き換え、日本人は「鶏肉《とりにく》にいたしましょうか？　それとも白身のお魚でしょうか？」と身をこごめて丁重に聞いてゆく。「ああ、この落差どうにかならないものか！」と叫び出したくなる。

その後、オーストリア人客室乗務員にも日本語教育を施すようになって事態は改善されたと思いきや、ますます悪くなった。ごくたまにビジネスクラスを利用するさいのこと、今度は「オマタセシマシタ！　シツレイシマス！」という「日本語」を使うのだが、岩のような大女がそう叫びながら頬に人工的な笑みを刻んでそそくさと箸《はし》を並べたりすると、猛烈な違和感に襲われる。正直言って、怖い感じさえする。

彼らにとって、サービス業についている者のしぐさは、われわれのように日常のしぐさから激変しないのだ。サービス業についている者が人格を完全に譲り渡したかのような、そう、奴隷のようなしぐさをすることはない。だから、彼らがそういうしぐさをすると、とても変なのだ。猥褻《わいせつ》なしぐさを強制させているようで、こちらが恥ずかしくなってくる。

今年（二〇〇六年）夏にポーランドの古都クラカウを訪れたときのこと。ウィーンから予約したホテルはまあまあであったが、すぐ隣に近代的ホテルが開業していたので、えいっと入っていき、レセプションの若い女性に向かって、「今回はもう隣のホテルに泊まっていますが、次の機会にはこちらに泊まりたいので、部屋料金のリストいただけますか？」と聞くと、彼女は眼前にあったケースから、すっとロボットのようにパンフレットの一つを抜き出すと、方向を直角に変え、ぬっと私に手渡しただけ。そのあいだ何も語らず、眼はあらぬ方を見ている。まったく、わが国では考えられない失礼な応対である！「もっと営業的丁重さを身につけろ！」と叫びたくなる。

こうした欧米的サービス（？）がいいとは微塵《みじん》も思わないとしても、大方のわが同胞は、あの奴隷のような日本的サービスの仕方をいいものとして受け入れているようだが、私はその不自然さが嫌いである。この国では、銀行でもデパートでもいったん人がサービス業につくと、言葉遣いや態度がなぜあれほど激変するのであろうか？

江戸しぐさ

ここに、一つのヒントがある。「江戸しぐさ」と呼ばれるもので、江戸の商人たち、とくに上級商人たちの「しぐさ」である。顧客に対しても同業者に対しても、それはそれは丁寧で、このあたりに現代日本のサービス観念の起源がありそうである。ここでは「言葉」に限ってその一部を越川禮子《こしかわれいこ》さんの『商人道「江戸しぐさ」の知恵袋』（講談社＋α新書）から紹介してみる。なるほどと眼が開かれる思いである。

江戸では「……です」も乱暴語とされた。……「……でございましたそうでございます」と、今ならばばかていねいと笑われそうだが、これが江戸町衆の日常語だった。

戦前、デパートの松屋では、お買い上げのお客さまの帰りぎわに、店員たちに「ありがとうございます」ではなく、「ありがたく御礼申し上げます」といわせていたそうだ。

江戸では初めて会った人に「初めまして」という挨拶《あいさつ》はしなかった。……ご先祖さま同士が親しかったといった心持ちで相手に接すれば、初対面の人も遠い親戚《しんせき》のような親近感がわいてくる。町衆たちは「先祖がお世話になりまして」という言い方をした。

こうした美意識・規範意識の細部を知れば知るほど、この江戸しぐさから現代日本の航空機内客室乗務員のしぐさまでを一直線に結ぶ糸が見えてくる。そして、それは何ら不思議なことではない。かつての越後屋《えちごや》呉服店が、三越《みつこし》デパートになり、三井《みつい》銀行になったのだから、江戸しぐさはとくにデパートと銀行において自然に受け継がれ、それが後発の航空会社にまで及んでいるというわけである。

江戸しぐさは、そのものとしては「咲く花の匂うがごとき」大和《やまと》の国の高度な文化遺産である。江戸の上級商人の身のこなしや言葉遣いの洗練された美しさは、いまなお歌舞伎などで見聞することができるが、容易にわかるその特徴は（「江戸っ子」というイメージからはほど遠い）どうしたかと思われるほどの丁寧さである。

私はここで根本的疑問をもってしまう。売買においては、売り手は物を売り、それに対して買い手は代価を払うという相互に納得した交換なのだから、売り手がそれほどまでに買い手に奴隷的にかしずく必要はないのではないか。商品が売れたとき、売り手が「ありがとう」と思うように、欲しいものが手に入ったとき、買い手は「ありがとう」

と思うのではないか。だから、両者はさらっとした対等の関係でいいのではないか。

だが、どうもわが国民のほとんどはこう考えていない。この国では、人々は客になったとたん、ふんぞり返り、自分にかしずくばかりのサービスを相手に要求するのだ。わが国の客はサービスに対して（たぶん）世界でいちばん要求が高い。商品に対する要求も高いが、しぐさに対する要求がことのほか高い。客室乗務員のような（私の眼にはそう映る）奴隷的奉仕をほとんどの人が要求するのである。このことは、ヨーロッパのみならず諸外国から日本に帰ってくると衝撃的なほどである。

開店直後のデパートに入るや、従業員がずらっと並んで深々とお辞儀をして迎えてくれる。閉店直前のデパートでも同じ。これは、なんとも天皇か大統領にでもなったようで気持ちの（気味の）悪いものであるが、ほとんどの同胞は気持ちがいいのであろう。こうして甘やかされているから、客は暴君のように「ああしろ、こうしろ」と駄々をこね、そしてその無謀な態度にデパートの店員も銀行員も客室乗務員も絶対に反抗しないという構図ができ上がっているのだ。

奴隷的サービスを要求する客たち

私はタクシーを利用することが多いのだが、運転手からいろいろ話を聞くのが好きである。ヨーロッパ諸国のような、どこのごろつきかと思われる運ちゃんとは違って、みんなうっとりするほど紳士的で上品で誠実（そう）である。だが、それでも多くの客は文句をたらたら言うのだ。ある客は、夏の暑いときでも決して冷房をつけてはならず、そこで運転手がワイシャツの袖《そで》をまくると「失礼だ！」と咎《とが》めるのだそうである。別の客は、運転手がネクタイをしていないと、猛烈に怒るのだそうである。また別の客は、行く先を告げたのにはっきり返事しないと、ねちねち追及するのだそうである。

最近聞いた話だが、酔っ払ってそのまま眠ってしまう乗客も少なくないそうだ。目的地について、何度声をかけても起きない。「からだを揺すぶってたたき起こせばいいじゃないか」と言うと、運転手は「お客さまのからだ」に触れてはならないんだそうだ。そこで、交番に行き、冷たいタオルを借り、巡査と二人でその男の顔にタオルを当てて、彼が起きるまでに五十分かかったという。こうなると運転手は正真正銘の奴隷である。「そんな奴は、ぶん殴ればいいんです」と言ってみたものの、腹の虫はおさまらない。

一部の人が利用するのであろうが、タクシーの中には客席の前に葉書が差し込んであって、態度の悪い運転手を訴えることができる仕組みになっている。全世界の規準からすると、せつないほどよいサービスだと思われるのだが、少なからぬ同胞にとっては「それでもまだ駄目」なのであろう。

ちょっと前のことだが、——まことに驚いたことに——全国の郵便局では、局員の接客態度によって、さまざまなランク付けをするのだそうだ。私にとっては、現状でもサービスが「行き届きすぎている」と思われるのに、大方の同胞はもっともっと親切で・丁寧で・にこやかなサービスを望むらしい。痒《かゆ》いところに手の届くサービスを欲しているらしい。

さらに驚いたことには、最近JRでは、平服を着て乗客になりすまして、駅員や車掌の乗客に対するマナーを調べているのだという。丁寧に答えてくれなかった、つっけんどんな態度だった、高圧的だった……などなど、朝日新聞によると「これほどひどいとは思わなかった」と結んでいる。これも私には理解に苦しむところ。客がこれほど要求が高いとは思わなかった！　これほど「奴隷的サービス」を要求するとは思わなかった。

JRでも私鉄でも、駅長室には「腕を組んではならない、ポケットに手を突っ込んではならない」など乗務員や駅員の接客マナーが事細かに箇条書きに書いてある。ある駅で直接聞いたところ、駅員は乗客から殴られても殴り返してはならず、逃げる手立てを考えねばならないのだそうである！　ある日の新聞記事を見て、私は啞然《あぜん》とした。

東急東横線渋谷駅（東京都渋谷区）の男性駅員（34）が客を殴ったとして、諭旨解雇されていたことが2日わかった。

東急電鉄によると、駅員は4月2日未明、切符を出さずに改札を通り過ぎた男性を呼び止め、事務室で事情を聴いた。

この際、男性から暴言を浴びせられ、つばを吐きかけられたため、腹を立てて顔を殴ったという。男性にけがはなかった。同社は「暴力はあってはならない」として同月10日付で諭旨解雇した。

（朝日新聞　二〇〇六年六月三日）

乗客から暴言を浴びせられつばを吐きかけられてまで、なぜ駅員は耐えねばならないのか、私には皆目わからない。まあ、百歩譲って殴ったのは悪いとしても、東急《とうきゅう》電鉄はその乗客の無礼も徹底的に追及するべきである。だけど、この駅員もバカだね。同じように「テメーのようなヤツは、臭くて汚いから電車に乗るな！　この豚野郎！」とでも叫んで、ぺっと相手の顔めがけてつばを吐きかけてやればよかったのに。それなら、「おあいこ」で、彼を解雇する必要はない。

一方向的コミュニケーション

サービスを提供する側が奴隷のような態度をとることとうまく辻褄《つじつま》が合うのだが、ほとんどの同胞は、サービスを受ける側に立つと個性や人間味をすっかり洗い流して思いっきり匿名的な存在に留《とど》まろうとする。

ほとんどの日本人は、タクシーに乗り込むとき、ただ「六本木交差点！」と言うだけである。降りるとき、運転手から「ありがとうございます。お忘れ物ありませんように」と懇切丁寧に挨拶されても、まったくの無言である。喫茶店に入っても、ウエイトレスに向かって（あるいは、向かわずに新聞紙の裏側から）「ブレンド！」と呟《つぶや》くだけ。あとは、ウエイトレスが「お待たせしました、ブレンドおもちしました」と語ろうと、「どうぞ、ごゆっくり」と語ろうと、まったく無言のまま。そっぽを向いていることも多い。

われわれは行きつけの小売商店・飲食店などに入るときは、ごく自然に「こんにちは、いつまでも暑いわねえ」とか「こんばんは、きょうは暇そうだね」といった会話を始める。だが、ドトールコーヒーやマクドナルドに入るときは、「いらっしゃいませ、……お決まりでしたらお申しつけください、……ごゆっくりどうぞ、……恐れ入ります、……ありがとうございます」等々、店員から何を言われようとも、かたくなに無言を通す。こうした完全に一方向的な言語コミュニケーションは、すでに確固とした慣習になっており、だからウィーンでのように、郵便局の窓口で「こんにちは」と挨拶したり、タクシーから降りるときに「さようなら」と声をかけたら、よほど変な奴と思われる。不気味な者とさえみなされるかもしれない。

これは、われわれが普段他人に接するときの細やかな配慮を思うとき、唖然とするほどの落差である。道で知人から「こんにちは」と挨拶されたのに無言のままであり、「ありがとう」と言われたのに答えもせず通り過ぎる人はいないだろう。だが、喫茶店に入るとき「こんばんは」と挨拶すれば普通ではなく、出るとき「ありがとうございます」と言われて「さようなら」と答えれば異常なのである。

この天地のような違いは、どう理解したらよいのだろうか？

じつは、十年以上ああでもない、こうでもないと考えてきたのだが、はたと膝《ひざ》を打つ解答は見いだせない。そこで、「こういうことなのかもしれない」という程度であるが、いくつかの仮説を立ててみると、一つはやはりわれわれ日本人の「世間」に対する敏感な反応に関係がありそうだ。会社の同僚や隣近所の人々など、自分を（表面的に）知っている人びとに対しては、思いっきり気を使い、だから厭《いや》な奴に遭遇してもとっさににこにこ顔で挨拶《あいさつ》するのだが、その世間の「そと」に位置される人間に対しては、その分だけまったくの無関心を貫く。なるべく「図」として浮き立たないように配慮して「地」の中に埋没してうずくまっていようとする。

これは、（西欧型）市民社会に共通に見られるもので、社会学的には「儀礼的無関心(ritual inattention)」と呼ばれるものだが、わが国の場合恐ろしいほど徹底している。電車の中がどんなに暑くても、流れる汗を拭《ぬぐ》いながら、誰も何も言わない。扉が開くと、どっと乗客がなだれ込んでくるが、「もう少しつめてくれませんか」とも言わずに、ずんずん腕で押してくる。みな、言葉を話せない生物であるかのように沈黙したまま、周囲の人々とは視線さえ合わさないように努力して、からだの動きが周囲に引き起こす空気の振動にさえ気をつけて、えんえん耐え抜くのである。

ある日新宿西口でタクシーを待っているあいだ、とりわけ安いタクシーがあるので、それを私の直前の女性も待っているのを知って、「なかなか来ませんね……あっ、来た。どうぞ」と言うと、それまで無言でいた彼女は、タクシーに乗るために小走りに扉に進みながら「話しかけないでください！」という捨て台詞《ぜりふ》を吐いて乗り込んだ。

「呼びかけ」の規則

この「沈黙現象」を別の角度から探ってみると、日本語におけるコミュニケーションにおいては、欧米語と比べて「呼びかけ」が圧倒的に少ないことが注目される。中学に入ってすぐに、英語の教科書には次のような会話が出てくる。

"Good morning, Mother."

"Good morning, Hanako."

これを、そのまま「おはよう、お母さん」「おはよう、花子」と訳してなんともない人は鈍感な人である。われわれ日本人は普通こうは言わないのであるから。欧米では、話のところどころに相手の名前を挿入する。"Yes, Mr. Jones." "I don't think so, Mrs. Brown." というように。これをそのまま「はい、ジョーンズさん」「そうは思いません、ブラウンさん」と日本語に訳すと違和感がある。

一般に、相手を固有名詞で呼ぶより地位で呼ぶほうが礼にかなっているが、これは欧米でも同じである。しかし、日本語には、(広義の意味での) 地位で呼びかけるのはいつも目下の者から目上の者へ一方向的でなければならない、という厳しい規則がある。係長が部長に向かって「部長!」と呼びかけても、「何ですか、係長?」と答えることはない。「何ですか、木村君?」である。その同じ人を、(目下の) 平社員なら「係長！」と呼びかけてもいいのに。

萩原朔太郎《はぎわらさくたろう》の詩「遺傳」に次の一節がある。

「犬は病んでゐるの？　お母あさん。」
「いいえ子供
　犬は飢ゑてゐるのです。」

「いいえ子供」という呼びかけだけで、非現実的で不気味な雰囲気が出てくる。朔太郎はこの効果を知って、この表現を使ったにちがいない。欧米語なら「わが子よ！」とか「わが息子よ！」という呼びかけは普通である。だが、日本語を使うかぎり、われわれは日常的にこう表現することはない。向こうから「ああ、先生！」と呼びかけられても、「何だ、生徒！」と答え返すことはない。「ああ、田中じゃないか」と固有名詞で答えるだけである。「お兄ちゃん！」と呼びかけられて、「やあ、弟」と答えることはなく、「お母さん！」と呼びかけられて「まあ、子供！」と呼び返すことはないのである。

こうした事例を挙げてみればわかるように、これは日本社会の筋金入りのルールである。

ということは、日本では、（客より目下とみなされている）サービス業の従業員が客を「お客さま」とか「お客さん」というように地位で呼ぶことは自然であるが、（従業員より目上であるとみなされている）客が従業員を地位で呼ぶことに抵抗があることを説明してくれる。（目下の）店員にしてみれば、（目上の）客に「お客さま！　お忘れ物でございます」と呼びかけることはごく自然であるが、「店員さん！　ここにさっき、傘を忘れたようなのですが」とはなかなか言えない。「あのう」とか「すみません」とか言って切り出すしかないのだ。

ドイツ語では "Herr Ober!（ウェイター）" とか "Fräulein!（ウェイトレス）" と簡単に呼べるのに、これが日本語ではスムーズにできないのだ。レストランで「ウエイター！」と呼ぶことは気障《きざ》っぽくてきまりが悪いし、飛行機の中で「スチュワーデス！」と呼べなくて、私はいつも困っている。

ヨーロッパの夏休み

次に、日本における奴隷的サービスを際立たせる意味で、（私の知っている限りの）ヨーロッパ的サービスを対比させてみよう。はじめに頭が硬い読者のために断っておくと、私はあらゆるサービスはこうせよ、サービス業を営むすべての日本人は明日から日本的サービスからヨーロッパ的サービスに切り替えよ、と提案しているわけではない。ただ、ヨーロッパ的サービスの中にある「そっけなさ」からいろいろ学ぶところもあるのではないか、そして少しずつ実現できるものから取り入れたらいいのではないか、と提案しているだけなのだ。

私は毎年、夏休みに一月くらいウィーンに滞在して、溜《た》まっている原稿を書いたり、ウィーン大学日本学科の教員たちと会ったりしているのだが、その合間に裏庭に出て寝椅子で昼寝をしたり、ウィーン市街が一望のもとに見渡せるカーレンベルクのテラスでビールを飲んだり、時たまドナウ川沿いの泳ぎ場（午後ずっといても二・五オイロ〈約三百五十円〉、ドイツ語ではユーロはこう発音する）の広大な緑の芝生に寝そべって本を読み、自分の書いた原稿を添削する。こうした点に限ってみれば、ウィーンはすこぶる快適である。

だが、もちろん私はウィーンが、ヨーロッパが、大好きなわけではない。ヨーロッパでは、（クラカウのホテルで経験したように）いつも日本におけるのとは別種の不快の連続である。

不快は、二年前にロンドンでピークに達したように思う。その年の夏休み、急に思い立ってロンドンに行くことにした。三十年以上前からヨーロッパを訪れていたのに、なぜか大ブリテン島は未踏の地であった（いや、じつは確固とした理由がある。およそ二十五年前にウィーンに留学していたころウィーン日本人学校で英語の非常勤講師をしていたのだが、そこで英会話を教えていたケレハーというイギリス人女教師と大喧嘩《げんか》したので、嫌悪感のあまりつい行きそびれていたのだ、詳細は『ウィーン愛憎』〈中公新書〉を参照のこと）。

ウィーンの大手旅行会社を利用したのだが、期日が迫っての旅行計画だったので、中年女性の社員は「航空券やホテルの宿泊などの資料は、すべて当日空港の弊社のカウンターでお渡しします。心配するには及びません」と微笑みながら言った。長いヨーロッパ生活体験によって、そうはいっても「心配することがある」に決まっていると思いながら聞き流していたが、まさにその通りだったのである。

「人間だからまちがいはあります！」

翌日、大事をとって二時間前に空港に着き、さっそく指定されたカウンターで旅行会社から手渡された契約書を見せて尋ねてみる。だが、カウンター内の若い女性は、一言のもとに「そんな資料なんか届いていません」と撥《は》ねつける。

「でも、こういう次第で、旅行会社の人は心配するには及ばないとはっきり言ったのですが」

「それはその人の言ったことで、私には関係がありません」

「どうしても納得いかないから、電話で問い合わせてくださいよ」

彼女は旅行会社の本社に電話する。しばらくして、私の顔をまっすぐ見て言う。

「宿泊券は、いますぐ発行できますが、航空券はやはりまだ届いていません。あなたが予定通り出発するのなら、英国航空のカウンターに行って、あと五十オイロ（約七千円）払えば、発券できます」

「そんな馬鹿な！　私に落ち度はまったくないのに、なぜさらに五十オイロ払わねばならないんですか！……もういいですよ。すべてキャンセルしますから、全額返してください」

「それはできません。英国航空でさらに五十オイロ払ったという証明書を発行してもらい、あとでそれを契約した支店に持っていって請求すれば、問題はありません」

「そんな……」

と逡巡《しゅんじゅん》していると、彼女があっと小さな声を上げた。奥から大きな包みを持ってきて、中の物を取り出しながら、航空券と宿泊券の説明を淡々とした口調で始めたのだ。その平然とした顔に、怒りがこみ上げてくる。

「では、英国航空のカウンターでさらに五十オイロ払う必要はないのですね？」

「ええ、ありません」

説明を受けたあとでも、猛烈な不満は残る。彼女が全然自分の落ち度を認めず、涼しい顔で「では、よいご旅行を！」と言うものだから、私はその彼女の顔めがけて「もっと真剣に働いてください！」という捨て台詞《ぜりふ》を浴びせかけた。

その後、興奮を鎮めるためにしばらくベンチで休んでいたが、いつまでも釈然としない。そこで（これからの私の行動はずいぶん普通の日本人とは異なっている）、ふたたびカウンターに戻って、仲間と笑い合っている彼女に、今度は英語で「あなたは、先ほどなぜまちがえたのか説明してくれますか？」と切り出した。私の顔にさっと撫《な》でるように視線を這《は》わすと、彼女は一気に言い放った。

「大きな包みだったので気がつかなかったのです。人間だからまちがいはありますよ。いったいあなたはまちがえたことはないのですか！」

「いや、あなたがプロとしてまちがえたことが問題なのです。私は外国人でドイツ語も英語もあまりできないのに、旅行直前にあなたの不注意によって、どんなに大きな不安に突き落とされたかわかっているんですか？　こういう体験をこれまで何度もウィーンでしてきました。こんなことは日本ではほとんどありえないことです」

「ここは日本じゃありません。オーストリアです」

というわけで、あっぱれなことに彼女はそのあいだ一度も"Entschuldigen Sie.（ごめんなさい）"とは言わなかった。"Es tut mir leid.（直訳すれば「事態は遺憾なことである」）"とさえ言わなかった。これが日本だったら、「すみません、すみません、すみません……」の集中砲火を浴びるに違いなく、それもきわめて不愉快であるが、こうまで自分の落ち度を認めないのも不自然である。これは、近代ヨーロッパ社会を支えているとりわけ醜い礎石だなあ、とあらためて思った。

「私はタバコを吸わないから、わからない」

ついでに、同じ観点から、わが国では考えられない店員の客に対する態度をいくつか紹介しよう。ウィーンに着くや否や、タバコ屋で凄《すさ》まじい口論を目撃。少女のような店員と中年女性が、客が十人近くも順番を待っているのに「あなたは不親切だ！」「いや、そこまで要求するあなたが悪い！」と互いに譲らず、行列の先頭の男が「俺はさっきから待っているんだから、いいかげんによせよ！」と言っても耳を貸さず、さらに怒鳴り合っている。「ああ、ヨーロッパに来たのだなあ」と感慨深かった。

別の日、先ほどとは別のウィーンの旅行会社でのことである。私の前にずうずうしくも割り込んでカウンターに急ぐ老人がいる。私はすぐさま彼に言う。

「私のほうが先です」

「ちょっと聞くだけだから」

「私もそうです」

これだけ言っても、彼はカウンターに陣取って動かない。頭にきた。私は、カウンターを思いっきり拳固《げんこ》で叩《たた》いて、怒鳴った。

「私のほうが先です！」

すると、おもしろいなあと思ったのは、カウンター内の若い女性が、とっさに私に向かって「怒鳴らないでください」と言ったことである。そういえば、わが国でも時折ものすごく傲慢《ごうまん》な客がいて（私もその一人）、怒鳴ったり、いばり散らしたりするが、店員はわずかにでもその態度を咎《とが》めることはない。私が店員として働くチャンスがあったら（ないか？）、一度客に向かってはっきりと「そんなにいばらないでください」とか「横柄な態度はやめてください」と言ってみたいものだ。この点に関しては、ウィーンの店員のほうが客の横暴に奴隷のように耐えているわが国の店員よりはるかに自然で好ましい。

とはいえ、ヨーロッパにいくら長くいても、時折遭遇する店員の身勝手さに慣れることはない。ロンドンのヒースロー空港でのこと。弱い銘柄のタバコを購入しようとして、雑貨屋のようなところに入った。

「あのう、弱い種類のものありますか？」

「えっ？」

「ニコチン含有量が最も少ないものが欲しいんですけれど……」

すると、鳥のように痩《や》せ細った中年女性は、突き放すようにこう言った。

「私はタバコを吸わないから、わからない」

私でさえ（？）、しばしあっけに取られた。「おまえ、タバコ売ってんだろ、ザケンジャネーヤ」とすごみたくなる。そういえば、わが国でもタバコの箱に「タバコは健康を害します。」とか、最近はもっと具体的に「喫煙は、あなたにとって心筋梗塞《こうそく》の危険性を高めます。」「喫煙は、あなたにとって肺気腫《はいきしゅ》を悪化させる危険性を高めます。」などの文字が入っているが、イギリスではそんなヤワな文句ではない。じつに“Smoking kills.（タバコは人を殺します）”と書いてあるのだ（写真⑬）。こういうストレートさは、ごまかしがなくて、なかなかいいもんだと思う。

「マインド・ザ・ギャップ！」

それにしても、ロンドンを訪問して驚いたのは、わが国で猛威を振るっている「ああせよ・こうせよ」というテープやマイクを通した音の多いことである。

まず、有名なことであるが、地下鉄の駅では（すべてではないが）、列車がホームに入るたびに"Mind the gap!（隙間に注意）"というテープによる轟音《ごうおん》が三度繰り返される（この文句を胸に印刷したTシャツまで売っている）。時には「ホームと電車との隙間にご注意ください」という文章になることもある。電車や駅構内のエレベーターの扉が開くときは"Stand clear. Door is open.（出口を開けてください。扉が開きます）"、閉まるときは"Stand clear. Door is closed.（出口を開けてください。扉が閉まります）"というテープ音が入る。時折、駅構内中に響きわたる音量で「身の周りの物を離さないようにご注意ください」という放送が流れることもある。

郵便局に行ったら、日本と同じく"Please proceed to the number five.（五番の窓口にどうぞ）" "Please proceed to the number seven.（七番の窓口にどうぞ）"という放送が入っていた。救急車は、日本と違って「ヒュルルーン、ヒュルルーン、ヒュルルーン、ヒュルルーン……」と、耳をつんざく爆音で通りを走り抜ける。歩行者はまったく信号を無視して車の直前を滑り抜けるようにして道路を渡る。ほんとうに「野蛮な」街である。

ここで、お口直しとして一つ掘り出し物を紹介しよう。地下鉄の電車の中で「日本的臭い」のする注意表示を見かけた（写真⑭）。これを試みに「日本的臭い」をさらにこすりつけるようにして訳すと、次のようになるかなあ。

Don't wait to be asked ... Please be ready to give up your seat to someone who may need it more than you.

（あなたよりもっと席が必要な人がいます。「席を譲って」と言われる前に、自分からすすんで席を譲るようにしましょう）

ただし、こう訳してもなお違和感が残るのは、わが国では「席を譲ってください」と頼む人はまずいないからであろう。

機械のようにしゃべる店員

話をわが国における奴隷的サービスの話に戻そう。ずっとわが国における不思議なほどへりくだった、まさに奴隷のようなサービスに焦点を当てて見てきたが、じつはわが国には、これと同じほど、いやこれ以上に眼につくサービスの形態がある。それは、人を人とも思わない、人をあたかも物体のように扱うサービスである。私が「そこ」に眼前一メートルのところにいるのに、あたかも何も見えないように、独り言をしゃべっているように「いらっしゃいませーえ……、ごゆっくりどうぞーお……、ありがとうございまーす」と「挨拶《あいさつ》する」店員たちの群れ！

こうした態度は、ある程度どの日本的サービスにも見られるが、とくにチェーンのコ

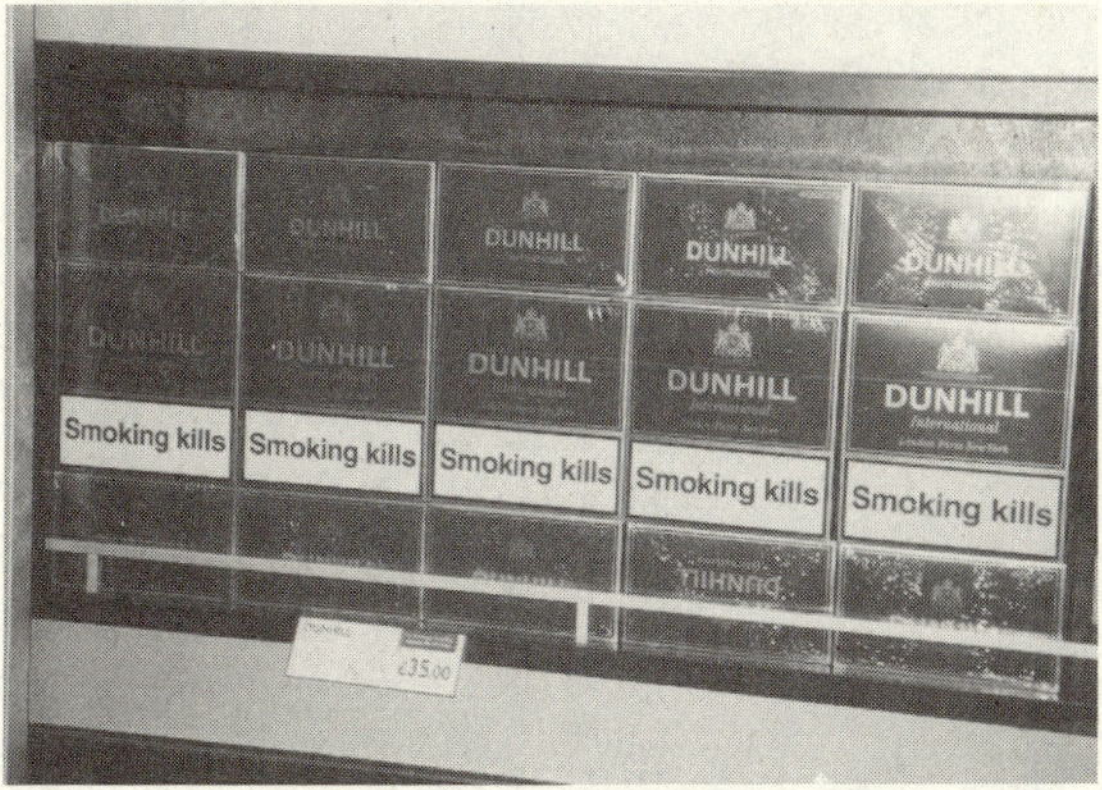

⑬「タバコは人を殺します」

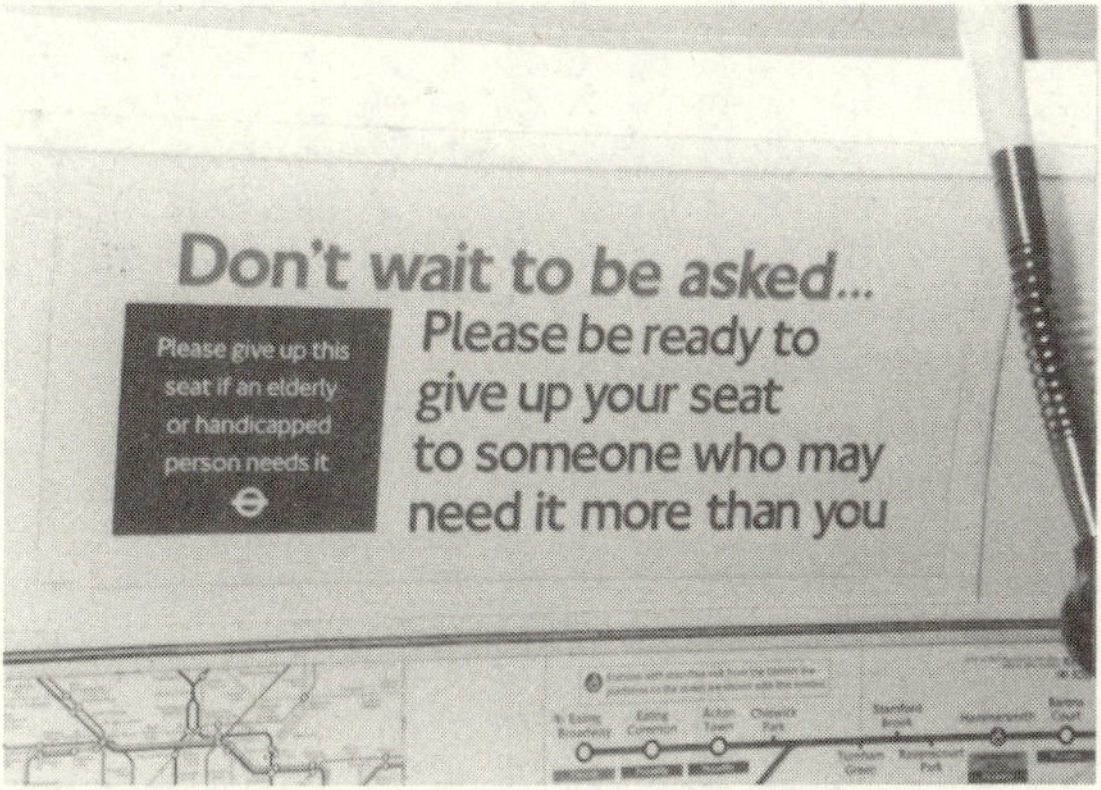

⑭ロンドンの地下鉄の中で「日本的臭い」のする注意表示を発見。

ーヒーショップ、コンビニ、ファーストフード店、チェーンの呑《の》み屋など、安直なサービスの現場で頻繁に出現する（私は、こういうところにはよく行くからわかるのだ）。店員たちが示すのは、断じてウィーンやロンドンで遭遇するような人間味のある反抗的態度ではない。だが、考えようによっては、はるかに無礼な態度である。眼の前の客を生身の人間としてではなく「客」という物体として、もっとドライに言えば、金を払う道具としてしか見ていないのであるから。言葉が表面的な儀礼を守っていればいるほど、その言葉の発し方（態度）によって、そこに無礼が如実に出現してくるのだが、彼女ら（圧倒的に若い女性であるので）はまったくそのことを配慮していないようである。眼前の客に対して、無関心を通り越して無機的な物体を見るような視線を容赦なく注ぐ。

彼女らは、注文を取るときも、料理を運んでくるときも、奇妙にはっきりした発音で、誰に対しても、まったく同じ言葉を同じ調子で機関銃のようにまくし立てる。「いらっしゃいませーえ、ご注文、お決まりでしたら、お知らせくださーい」から始まって、定型的な言葉を定型的なイントネーションでしゃべり続ける。各文章をはっきり区切り、終わりに近づくにつれて抑揚を上げ、語尾を長く引き伸ばし、しかも最後の音に奇妙に力を込める。

こうした機関銃が発射されているあいだ、客はメニューを眺めながら、「ええと、ビールと餃子《ギョーザ》、それに……」と普通の口調で注文するのも収まりの悪い感じである。「ええい、こちらも腹いせに「おまたせしましたーあ、決まりましたから、お知らせしまーす」とでも答えてやろうか！

私は、わが国に蔓延《まんえん》している機械音（スピーカー音、とくにテープ音）が虫唾《むしず》の走るほど嫌いであるが、言葉を個々の相手に向かってではなく、不特定多数の人に向けて、いや物体一般に向かって、しかも具体的状況を顧慮せずに発しているからである。客が入るときには「いらっしゃいませ」、出るときには「ありがとうございました」とテープ音で挨拶するレンタルビデオ店や郵便局や銀行があるが、そこを物体が通過するとセンサーが感知し、「ありがとうございました」という音を発しているだけ、という仕組みを知っているからである。状況を配慮せずに、泥棒でも、熊でも、まったく同じように挨拶するのだ。その「形だけ主義」に無性に腹が立つ。

そんなに目くじらを立てるなよ、という人に対して。

じつは、こういうサービスの仕方が厳密には礼にかなっていないことを、聡明《そうめい》なわが国民はみな知っている。お葬式の会場で「こちらからお入りください、……ご記帳をお願いします、……どうぞお焼香をお願いします、……ありがとうございました」というテープ音を流すことが、どれほどの無礼に当たるか知っている。高級料亭や高級レストランに「いらっしゃいませ、ありがとうございました」というテープ音を設置することはない。これが、安直きわまりない挨拶であることを知っているからである。

であるとすれば、生身の人間が誰に向かっても同じ口調でテープ音のようにしゃべるのは、はるかに無礼だと言うべきであろう。それにしても、ほとんどの同胞がこうした無礼きわまりないしゃべり方に対して、まったく怒りを感じていない（らしい）のが不思議である。


「いらっしゃいませ、こんばんは」

コンビニのサンクスでのこと。仕事の帰りにくたびれはてて入ったのに、突然「いらっしゃいませーえ、こんばんはーあ」という甲高い鳥のようなキーキー声がすぐ眼の前で炸裂《さくれつ》して心臓がどきりとする。その若い女子店員が、一瞬の後には私がそこにいるのを忘れたかのように商品を点検しているのも、頭に来る。レジでの彼女のしゃべり方も、まるでテープのよう。そのあいだに、入ってくるほかの客に対しても、同じ「いらっしゃいませーえ、こんばんはーあ」というキーキー声が彼女のからだから弾丸のように発射される。もう我慢の限界と、私はレジに近づき、言ってみた。

「『いらっしゃいませ、こんばんは』って、もっと自然に言えない？　まるでテープみたいじゃないですか」

私の言い方が（疲れていたことに加速されて）無礼だったのか、彼女はむっとした顔で答えた。

「自然にこうなっちゃうんです！」

「でも、あなただって、店の客以外の人に対しては、そういう言い方はしないでしょう？」

「……」

「例えば、友だちとしゃべるときはこうじゃないよね？」

「同じだとおかしいんじゃないですか？　店員なんですから」

なるほど、店員はこうしゃべるべきなのである。だが、これもまた大多数の同胞は気にならないようだ。ここで、私がこうした言葉遣いや態度に対して、なぜ猛烈な不快感を覚えるのか、もう少し探ってみよう。

彼女たちは、すべての客に対して、同じ言葉を、同じ調子で発し、同じ目つき、同じ態度で接する。つまり、ただ眼前の人間的物体をセンサーが感知したかのように、口から「いらっしゃいませーえ」という声が出るだけである。客がまごまごしていると、視線を中空にさまよわせたまま「お決まりでしたら、お知らせくださーい」と続く。そうしながら、全身で「あーあ、退屈でやりきれない」と語っていることもあり、場合によってはうつろな眼が「このバカ、早く決めろ」と語っていることもある。私の眼前三メートルのところにいて、はっきり私のからだに「対して」いるのだが、私に向かって「語って」いるのではない。一つの物体に向かって声を発しているのであり、人間の形をした精巧な機械仕掛けの人形のようで、気味が悪くなってくる。

しかも、興味深いことに、「捕まえた」何人かの店員たちやコンビニで店員のバイトをしている電通大の学生たちに聞いてみたところ、店長がこういうしゃべり方を厭《いや》がる若者たちのからだに無理やり叩《たた》き込んでいるのではなさそうなのだ。むしろ、先に紹介したように、現代日本の普通の若者がコンビニやファーストフード店に勤めると、自然に「こうなっちゃう」のである。彼らは――客につり銭をぽいと投げ返してはならないと信じているように――ほとんど無意識のレベルで、それが「よいこと」であると信じており、それにわずかでも疑いを挟むことがない。
国語学の金田一秀穂《きんだいちひでほ》氏によれば（テレビで観たのだが）、この現象はとくに若い店員が（とくに男の）客からの距離を保つために、つまり親しく話しかけられないように警戒して、おのずと身に着けるのだという。それなら、――ヨーロッパの店員のように――思いっきりそっけなくすればいいのにと（私は）思う。形だけ丁寧な言葉を使いながら、心は「うわの空」のこのコントラストが（私には）無礼の極致のように思われるのだから。

「お箸《はし》、お入れしますか？」

店員のしゃべり方の機械化現象は、日本人の対人関係について示唆するところ大である。彼らが教えられたのでもないのに、疑問を抱かずにしかも完全に実現しているからこそ、無意識にまで達する日本的サービスの基層が隠れているのである。つまり、店員は客との個人的関係をほぼゼロにまでもっていくこと、機械のように客との相互コミュニケーションをまったく求めていないことを示している。ある日、この仮説を実証できる事態が発生した。

セブン－イレブン芦花公園《ろかこうえん》駅前店でのこと。いくらかの買い物をして、カウンターにもっていくと、店員がレジを打ちながら「お箸、お入れしますか？」と聞いたので「いいえ」と答えた。すると「恐れ入ります」という返事である（これは「いいえ」と言ったときに返ってくる決まり文句。だから、彼は私の答えを聞き違えたのではない）。だが、家に帰ってみると、ビニール袋の中に箸が一膳《ぜん》入っていたのだ！

しばらく怒りに燃えていたが、このまま「許して」なるものかと駅前にとって返し、セブン－イレブンになだれ込む。だが、その店員はもういない。さっそく、店長を呼び、「かくかくで、店員はただ独り言のように語り、客の返事を全然聞いていない。客の眼も見ていない。これがどれだけの無礼か、わかりますか！」。中年女性の店長は、はじめ何のことかわからない様子で「はあ」と神妙な顔つきで聞いていたが、なんとなくかめたところで「すみません、すみません」と平謝りする。こういう態度も厭であるが、とにかくその日はその箸を返して一件落着。

三日後、またセブン－イレブンに入り、さっとカウンターに買った商品をもっていくと、なんと（！）眼の前にその店長がいて、緊張した面持ちで私を迎えてくれる。彼女は、私の眼をじっと見つめながら「お箸を・お入れ・しますか？」とひとことひとこと区切りながら、はっきり発音する。「ええ」と答えたが、おかしかった。

奴隷のようなサービスも、機械のようなサービスも、こう考えると同じ根から出ている。みずからの個性を完全に滅却して、あたかも奴隷のように――殴られても笑みを絶やさないであろうような——強烈なあいそ笑いを続け、敬語を駆使し、丁重きわまりないしぐさをもって客に「かしずく」ことと、客を人とも思わず、物体のようにみなして、定型的な言葉を定型的に語ることとは、眼前の客という個人を見ていない点で、個人を徹底的に無視し抹殺するという点で、同じ穴のムジナなのである。

「きれいに使っていただいてありがとうございます」

「形だけ主義」にぴったり寄り添って、この国ではいかなる仕方でも客を「責めない主義」「傷つけない主義」、言いかえれば客の「善意を期待する主義」が蔓延している。このすべてが私には不快であり、不潔にさえ思われる。例えば、また京王線であるが（その沿線に自宅も大学もあるのだからしかたない）、電車内には次の文字の書かれたプレートが貼られている。

やさしさをありがとう

Thank you for your kindness.

こう並べてみると、英語の文章としては自然だが、それを「ご親切に感謝します」ではなくこういう日本語にすると、なぜか私は強烈な違和感に襲われる。英語のニュートラルな突き放した感じとはよほどニュアンスが異なっている。読む人をじんわり包み込み、耳元に甘い息を吹きかけるようである。

右の標語よりさらに不快を感ずるのは、（同じ京王線の）例えばつつじヶ丘《がおか》駅ホームの待合室や仙川《せんがわ》駅のトイレに掛かっている次のような文句である（これは日本語だけ）（写真⑮）。

きれいに使っていただいて　ありがとうございます。

なぜ私はこう言葉に嫌悪感を覚えるのか？　このあたりの感受性は大部分の同胞の感受性とずれているようなので、正確に説明しなければならない。それは、わが国の文化の「体温」に対する違和感であるから、いくら説明しても、その体温が気持のいい人には、なかなか理解してもらえないであろう。そこを何とか努力してみると、個々人の多様な感受性を抹殺して、どんな人でもこちらが高飛車にではなくへりくだって柔らかに頼めば、きっとわかってくれる、という一見謙虚だが、じつはずうずうしい態度が透けて見えることへの反発である。

じつのところ、そんな期待はしていないのかもしれない。聞かれれば、そう答えるであろう。だが、とすると、さらに反発は燃えさかり、何も期待していないといいながら、そういう「ふり」をすることによる効果を見越した狡猾《こうかつ》さ、すなわち見返りを求めない「誠実な態度」によってかえって相手を動かそうとし、実益を得ようとする下心の不純さがたまらなく厭《いや》なのだ。

京王線の各駅の男子トイレの便器の一つ一つには、次の標語が貼り付けてある（写真⑯）。

もう一歩前へお進みください

「小便を便器の外にこぼすなよ」という意味であることはわかるが、ぼかしているだけに、なおさら厭な感じである。そういえば、念の入った「ぼかし」がかえってありありと現実を示してしまっている芸術作品級の猥褻《わいせつ》標語を大学近くのある居酒屋（幸い、このまえつぶれた）で見つけた。

試みに　そっと手を添え　井戸端に　落ちこぼるるな　松茸《まつたけ》の露

うひゃー、やめてくれー！

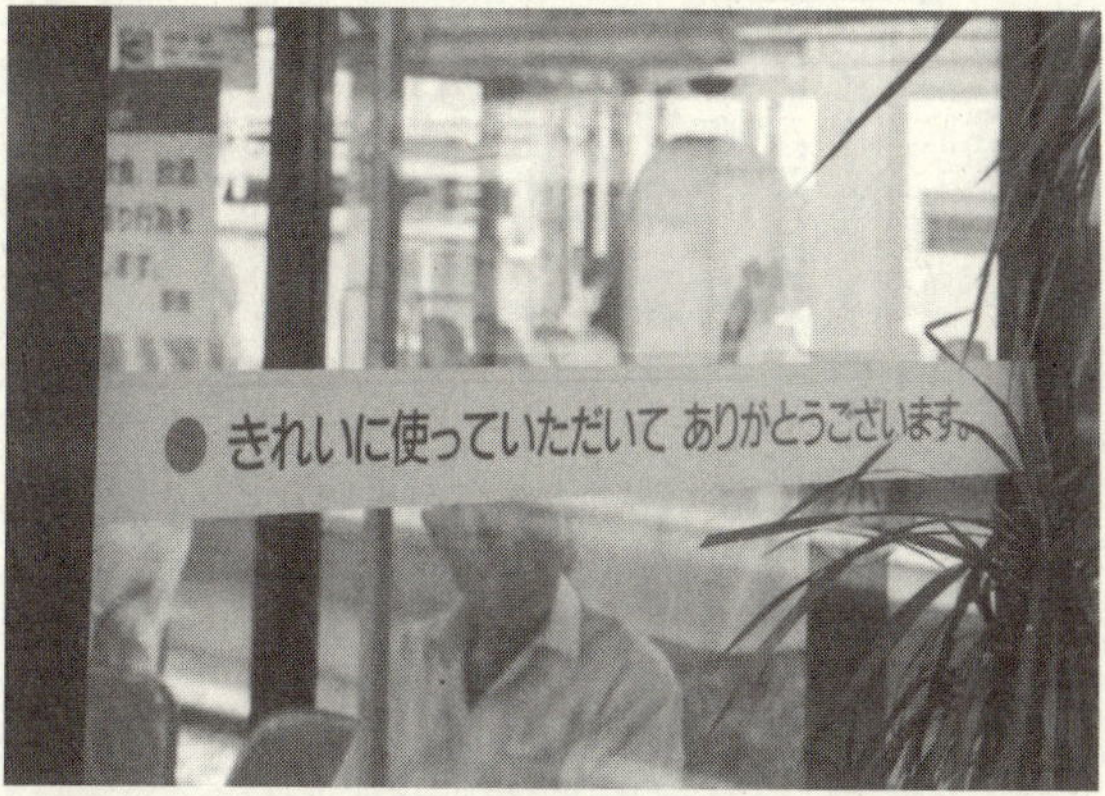

⑮鳥肌が立つほど「やさしい」言葉。京王線のつつじヶ丘駅ホームにて。

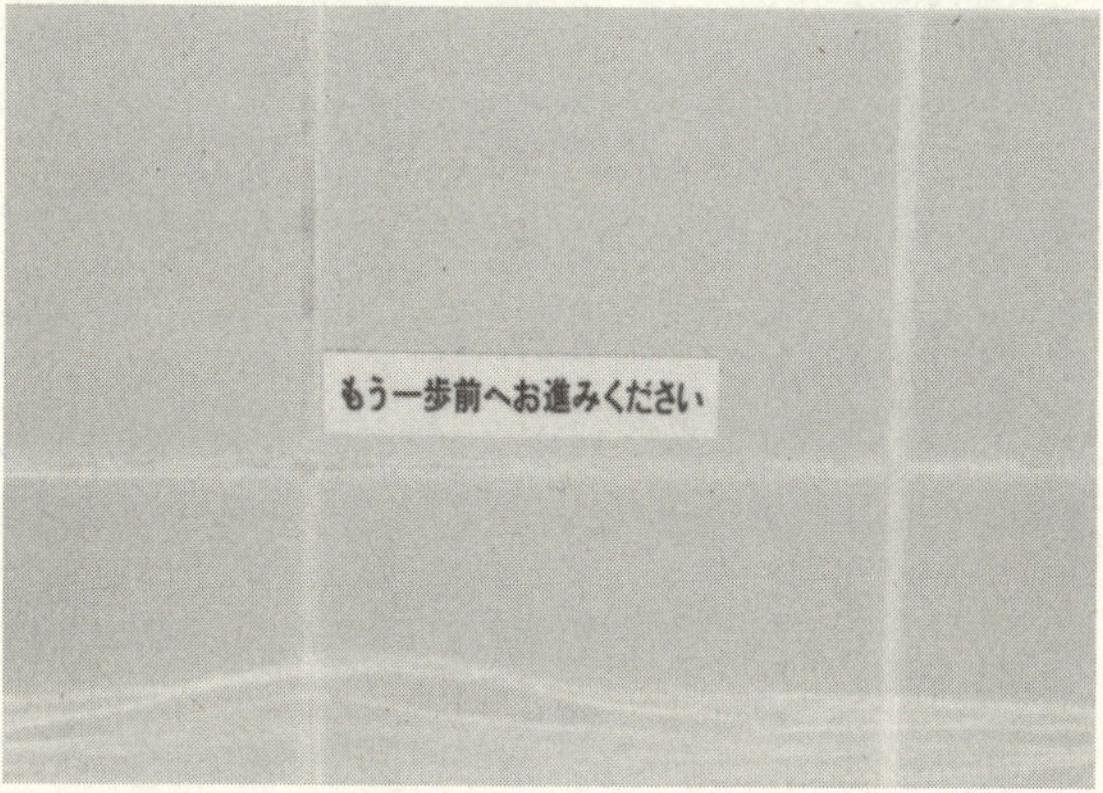

⑯京王線仙川駅の男子トイレにて。「もう一歩」進めない場合もある!

4 言葉を信じない文化

垂れ流しキャンペーン

次に、視点をサービスから言葉の問題全体に広げてみよう。日本人の言葉の使い方一般に対して、私は大いなる違和感と嫌悪感をもっている。それは、おいおい述べていくが、ひとことで言えば、言葉の文字通りの意味を尊重しないこと、よって（書かれたあるいは言われた）言葉に反することをしても平然としていること……つまり言葉を「信じない」ことである。

この背景として、社会学者は「ハイ・コンテクスチュアル・カルチャー（high contextual culture）」という概念を提示している。言葉自体を状況＝コンテクストから独立に尊重する文化は「ロウ・コンテクスチュアル・カルチャー（low contextual culture）」と呼ばれ、これを代表する文化は欧米文化（とくに北ヨーロッパやアメリカ文化）である。これとは異なり、言葉を常に状況との関連で理解しようとする態度が濃厚な文化を「ハイ・コンテクスチュアル・カルチャー」というわけだ。日本はこの典型であり、人々は言葉の文字通りの意味よりその「裏」を読もうとする。そう語った「真意」を探ろうとする。もちろん、こうした基本姿勢に貫かれている文化の長所（人を傷つけることも人から傷つけられることも少ない、対立があらわにならない、タテマエを崩さずに現実的な利益を得ることができる……などなど）も山のようにあることは先刻承知のうえで、言葉だけが頼りである哲学に携わる者として、本章であえて根本的な批判をしてみたい。

まず誤解しては困るが、われわれ日本人が言葉を信じないからといって、沈黙を守り通すわけではない。むしろ、——一見不思議なことに——われわれは言葉を使用しすぎ、浪費しすぎるのである。スピーカーからも言葉、広告からも言葉、防災行政無線からも言葉、駅でも電車の中でも言葉、……というわけで、日本の街は街じゅういたるところ言葉、言葉、言葉、言葉である！

そのうち、私がこの国に住んでとりわけ不快を覚えるのは、津々浦々まで猛威を振るう「定型化された言葉」である。これはもう日本人のDNA上に特定の遺伝子として発見できるのではないかと思われるほどで（ということは、私は日本人ではなくなるわけだ！）、われわれ日本人の体内に血となり肉となって備蓄されている。自然現象なのであり、だからそれに異議を唱えても、まったくわかってもらえない。自然に反する異常者とみなされてしまう。

典型的な一例は、現実的効果をいっさい考えずに、ひたすら「春の交通安全週間」だの「歳末防災運動」だの「駅前放置自転車クリーンキャンペーン」など「お上」が何百枚、何千枚もの原色の旗や幟《のぼり》を街頭に立て、さらに広報車で爆音を撒《ま》き散らすこと。いたるところこの構造である。

そうして、いったん決まってしまえば、もうオートマティックに世の終わりまで続いていく。何も考えずに、ある季節が来たらおびただしい旗や幟を立てて、横断幕を掲げ、いそいそ広報車に乗り込む。この時点で、いかなる反論も受け付けない身体にみずからを鍛え上げている。「考えない人」の強さである。

こうした言葉の垂れ流しキャンペーンに対する私の反論の根拠は、しごく単純である。

（1）旗も幟もスピーカー音も、たいそう醜いため。

（2）どう考えても、一週間のこうした運動で交通事故や火事が減るようには思われないため。

（3）逆に、こうした方法で一挙にひき逃げが減り、放置自転車が激減するとしたら、まともな大人の反応としておかしいため。

だが、心の底から虚《むな》しいことに、いかなる合理的な反論を出しても、相手は梃子《てこ》でも動かない。なぜなら考えて行動しているのではないのだから。ただ、決まったことを決まったままに為《な》しているだけなのだから。まるで蟻やビーバーが一瞬も考えずにせっせと迷路やダムを造っているかのようで、不気味な感じさえ伴う。

私が反論すると、返ってくる定型的答えは「もう決まったことですから」とか「規則ですから」というもの。与えられた状況を変えていくという発想がまったくない。わが大学での「コミュニケーション論」の講義のさいに、自分が不都合とみなす社会ルールは、いつでもその変革を要求してよい。それでも聞き入れられなかったら（一定の条件のもとに）みずからの責任においてそれに抵抗してよい、という抵抗権の思想のさわりを紹介した後で、学生たちにレポートを書かせたところ「ルールを破るのはよくないと思います」とか「決まったことを守らなければ、社会は成り立ちません」という感想が続出し、唖然《あぜん》とした。これじゃ、いつまで経っても、交通安全週間も防災週間も「駆け込み乗車はおやめください」というアホ放送も、「守ろうよ　わたしの好きな　街だから」というバカ看板（調布《ちょうふ》駅前）も、未来永劫《えいごう》にわたって続くなあ、といまいましく思ったことであった。

　われわれ日本人は、与えられた状況をなるべく受容しようとする（situation taking）。だが、不思議なことに、このことは各自が投げ込まれた状況にそのつど鋭敏に対処することを含意しない。むしろ正確に逆であり、おびただしい管理看板を見ていない、集中砲火のような注意放送も聴いていない。定型化した状況はあまりにもあたりまえの光景となり、変革不可能な「自然現象」になってしまっているからである。春にツバメがやって来るように、春の交通安全週間がやってくるのであり、冬に木枯らしが吹くように、歳末防災週間が到来する。春には大地が原色の草花で覆われるように、街は「交通安全」の原色の旗で覆われ、冬には、北風がゴーゴー吹きつけるように、歳末防災運動の広報車から、「寝タバコに注意しましょう！」というスピーカー音ががなりたてるのである。

『その油断　火から炎へ　災いへ』

言葉の定型化は、それぞれの言葉の猛烈な比重の軽さに連なっている。一昨年《おととし》の春、電気通信大学の施設課長から「春季全国火災予防運動の実施について」という通知をメールで受けとり、虚しさで心はいっぱいになった。

火災の発生しやすい気候となる時季（この表現はおかしい、筆者注）を迎えるに当たり、火災予防思想の一層の普及を図り、もって火災の発生を防止し、高齢者等を中心とする死者の発生を減少させ、財産の損失を防ぐことを目的として、次の統一標語で平成16年春季全国火災予防運動が実施されます。

統一標語『その油断　火から炎へ　災いへ』

このあとに次の「注意事項」が並んでいる。

（1）暖房器具、火気使用器具の点検に努め「使用の際は決められた場所で使用し、付近に可燃物を置かないこと。また、個人が所有する暖房器具、火気使用器具は持ち込まないこと。

（2）電気火災予防のため、電気器具類と電気配線は適切に使用すること。（老朽化した電気器具類・電気配線の交換、タコ足配線の防止、電気器具類・コンセント周りの清掃〈埃《ほこり》の除去〉）

（3）退出時には必ずガスの元栓を閉め、暖房器具等の完全消火を確認すること。

（4）一時的に部屋を空ける場合にも火を消すこと。

（5）喫煙は灰皿等の設置された指定場所で行い、喫煙後の後始末を行うこと。

（6）緊急時の避難路確保のため、廊下、階段、非常口等に物を置かないこと。

（7）放火予防のため、可燃物（古紙等）を室外に放置しないこと。

はたしてこのメールを熟読した本学教職員は何人いることだろう。五百三十人中たぶん私一人ではないかな？　当の施設課長自身も読んでいないのかもしれない。施設課職員の方々は何の疑問ももっていないと思うが、誰も読まない通知をなぜするのであろう？　誰も関心をもたない標語をなぜ掲げるのであろう？

そして、昨年は馬鹿らしくてメールを開けなかったが、今年（二〇〇六年）開けてみると、標語は『あなたです　火のあるくらしの　見はり役』に変わっていて、内容はまったく同じ! 毎年、「春季全国火災予防運動」を決める役所の役人たち(消防庁から文科省を経て各大学に届くという)はこうした標語を決める虚しさを感じないのだろうか? これをまったく読まずに通達する施設課職員たちは虚しさを感じないのだろうか? はたして、施設課職員たちは何が書いてあるか知っているのだろうか? 一度いじわるして聞いてみたいもんだ。

じつは、別件で施設課長ではなく、教務課長に聞いてみたことがある。わが大学のほとんどすべての教室には次のような貼り紙が掲示してある。

学問の場「教室」に注意を払おう

快適な教室の保持、省エネのため、教室使用の際は、下記の注意事項を守ってください。

・禁煙
・ゴミは教室に残さない
・机や壁に落書きをしない
・授業中は携帯電話の電源を切ること
・照明空調は各時限最後に出る者が消すこと
・窓も各時限最後に出る者が閉めること

＊授業後は板書も消すようにしてください
＊教室内の机、椅子、その他機器等で不具合がある場合は、教務課にご連絡ください

教務課

この貼り紙を指差しながら「何が書いてあるか知っていますか？」と複数のクラスで延べ三百人ほどの学生に聞いてみたところ――当然のことながら――誰一人として知らなかった。あまりの馬鹿らしさに、つい最近のことだが、意を決して教務課長に会いに行った。「この事実をどう思いますか？」と聞いてみたが、何を私が訴えたいのかわかってもらえるまで十分ほどかかった。

さらに、驚くべきことに（いや、驚くべきことではないが）、彼はこの貼り紙の存在さえ知らなかったのである。「教務課の名前で貼り出してあるのですよ！」と声を荒らげても、きょとんとした顔をしているだけである。蛙の面にションベン！　三十分間私の思想をえんえん披瀝《ひれき》したのち、虚しい心を抱いて帰ったしだいである。

祝詞《のりと》としての言葉

では、なんでこんなことになるのだろうか？　これまた、日本人がバカだからアホだからと切り捨てて済む問題ではない。すべては、われわれが千年以上かけて培ってきた

言語観の問題であり、言葉を大切にすることを口が酸っぱくなるほど教え込まれても、千年の風雪に耐えてきた日本人のからだからは、ついこういう言葉が出てしまうのである。

言語哲学者の加賀野井秀一《かがのいしゅういち》は、こういう日本人の言語観を「言霊《ことだま》思想」と呼んでいる（『日本語は進化する』ＮＨＫブックス、『日本語を叱る！』ちくま新書）。日本人の言語使用にあたっては、言葉はその意味伝達機能を無限に希薄化され、ただ「語っていること」が異様に前景に出てくる。加賀野井が言っているように、その典型例は「祝詞」であって、「交通安全」も、「駅前放置自転車クリーンキャンペーン」も祝詞なのである。実効を期待せず「いつか気づいてくれる」だけでいい。人々の心に残って「だんだん改善していく」だけでいい。短気にならずに、そのときまで忍耐強く待たねばならない。

こういう考えだからこそ、掛け声、標語、警句、お願い……という「言葉」が街に溢《あふ》れ返ることになる。しかも、それによって直ちに効果を求めているのではないから、一度決まったら、えんえん何十年でも続くことになるわけだ。

同じ現象を別の視点から見れば、言葉には魂が宿っているからこそ、配慮なく言葉を使用してはならない。とりわけ、われわれは言葉のもつ「毒」に敏感である。言葉は人を傷つけるから、その使用に当たっては、万端の注意が必要なのだ。このことをわが国では小学生のころから、耳にたこができるほど聞かされる。

こうして、掛け声集団主義は、日本文化の基層にまで至る。だから、個人が他人に注意したり、警告したり、非難したりすると、あまりにも「日本的体温」と温度差があるので、まず驚愕《きょうがく》をもって迎えられ、次に一致団結して妨害される。妨害されないまでも、激しい反発をもって迎えられる。

いかに「正しい」言葉でも、わずかにでも人を傷つける可能性のある言葉は、無限にその毒素を抜いた「……にご協力をお願いします」という「お上」からの公認の呼びかけとなって、はじめて市民権を得る。だが、徹底的に毒を抜かれているからこそ、こうした呼びかけは、人々の耳に届いたとしても、心にまでは届かない。これは、単なる祝詞であり、儀式なのだから、それを聞いている個人も、ただそういう放送が流れているだけであって、その警告がわが身に及ぶとは思っていないのである。

こうして、言葉のもつ毒にこれほど敏感なわが国土には、いたるところ丁寧に毒を抜かれ、ついでに固有の味も抜かれ、ただ清潔で、無難で、定型的な真空パックに詰められたような言葉だけが飛び交っている。

こうした夥《おびただ》しい言葉にからだを浸して、たぶん多くの同胞は気持ちがいいのである。少なくとも、不快でないのである。すべてを軽く聞き流すことができるのである。それも高度の文化であることは認めたうえで、百歩譲っても、ある面ではそれはやはり大きな害悪を及ぼしているのではないか。それは、言葉を信じない文化であるから、言葉を駆使して、弁解することを嫌い、言葉を駆使して批判するのを嫌う。社会において報われている人はそれでいいのかもしれない。だがさまざまな意味で報われていない人にとっては、弁解を聞いてくれないのだから、言葉を駆使して説明することを嫌がるのだから、現状に対して不平をもつことを基本的に醜いこととするのだから、批判することを悪だとするのであるから、じつに過酷な社会である。

また、同じように（私のように）、静かにゆったりと買い物できる商店街とか、ああせよ・こうせよと言われない公共空間とか、新しいことを提案することが、恐ろしく難しい社会である。禁煙とか、セクハラ防止とかゴミ回収とか、……社会の「空気」がそういう方向に動いていくと、大方の日本人はかなりの個人的不満をも押し隠して、「お上に」あるいは同じことであるが「みんなに」同調する。だが、そうでない限り、新しい提案には、それがたとえ合理的で説得的であっても、見向きもしないのだ。前後左右の顔色を窺《うかが》って動くのであるから、基本的に斬新《ざんしん》な改革は難しい。

こうして、いかに言葉を尊重しない文化の美点を数え上げようと、その害悪は明らかである。とくに、報われていない人、虐げられている人のうち、「公認されていない弱者」が、この国では徹底的に言葉を奪われている。これが、いちばんの問題である。私は確信するが、人間であれば、他のすべてが与えられていても、自分の信念に反したことを常に強制され、自分の感受性に反したことを常に感じるように強制されたとしたら、その人生は「生きる」に値しないであろう。このことを信念や感受性のマジョリティは、想像力を逞《たくま》しくしてわかってもらいたい。

商店街からの・警察からの・消防署からの・区役所（市町村役場）からの膨大な祝詞

を日々全身で浴びているうちに、一種のマインドコントロールのように、われわれは言葉を聞き流す態度を身につけるようになる。言葉のもつ毒を恐れるあまり、無難で当たり障りのない定型的言葉（のみ）を発しようとする。そして、気がつかないうちに、いつの間にか文字通りの言葉を尊重しなくなり、言葉を額面通りに取る人を嫌い、哀れみ、嘲笑《ちょうしょう》し、軽蔑《けいべつ》するようになるのだ。

そうした文化の高度に洗練されたおもしろ味もあるであろう。だが、過度にそうであってはならないと思う。こうした信念のもとに、私は執念深くさまざまな同胞とあえてぶつかりながら、ここ二十年以上にわたって「もう少し言葉の文字通りの意味を尊重したらどうだろう」と提案しつづけているのである。

オールコックの驚き

言葉を定型的に使う（べき）ことを骨の髄まで学んでいる、つまりそれにいささかの疑問も感じない日本国民は、「嘘」に対してすこぶる寛大である。なぜなら、真実より大事なものがあるからであり、それは「対立を避ける」ことだからである。対立を避けるためには、どんな嘘でもつくというのが、平均的日本人のあり方であろう。（昔ベストセラーのタイトルにあったが）みんな平気で嘘をつき、嘘をついても平然としているのである。

イギリス人のオールコックが幕末にわが国に上陸して、まず驚いたのはこのことであった。幕府の役人から、商人たちまで、申し合わせたように嘘をつく。嘘、嘘、嘘のオンパレード。しかも、彼がいちばん驚いたことは、嘘をついた当人にまったく罪の意識がないことである。

日本人は、真実をいわない。とにかく、公式のばあいにはそうである。また、かれらのいう嘘が本当のことだと相手にとられても、大して気にかけないようだ。しかし、真理というものを公然と無視しようとするならばいっさいの話や断言は無意味なものになるのだから、これがそっくりそのまま事実だとはうけとりがたい。とはいえ、とにかくかれらは、しゃべっているときには、自分のいうことを信じてもらいたいと思っているくせに、あとになって間違いを見つけられてもいっこうに平気である。
（『大君の都』山口光朔訳、岩波文庫）

わたしは、かれらの虚偽とそれに関連した皮肉な見解を例証するに足る多くの例をもち合わせている。ある特別な機会に、役人のひとりが故意に前言に反したことをいったのを一外国代表がみつけて、いささかぶっきらぼうに、「こんな見えすいたうそをついても、良心にはずかしくはないのか」と質問した。すると相手は、落ちつきはらって、すこしも動ずることなく、つぎのように答えたものだ。「わたしは、先月、かくかくのことがなされたと申しあげた。だが、いまは、それが全然なされていないということをお知らせする。わたしは、うけた命令を実行し、いえと命じられたことをいうのを任務とする役人にすぎない。それが真実であるとかないとかいうことは、わたしにはなんの関係もない」と。

（同書、同訳）

次の実話など、あたかも落語を聴いているようである。

「刀はどこにあるのか。もちろんあの有名な英雄の武器を見せていただかねばならない。」すると役人《ヤコニン》のかしらが答えた。「刀ですって。なんの刀ですか。」そして重々しくつけ加えたものである。「刀などありません。ここはお寺です。」「いかにも」と、デ・ウィット氏は答えた。「しかし、ここには太閤様《タイコーサマ》の刀やその他の遺品がのこっているのだ。」役人《ヤコニン》のいうには、たずねてみなければならない、そんなもののことは聞いたことがないとのことだった。そして、数分たつともどってきたが、刀を見ることはできないとわれわれに知らせた。「それでは、刀はどうなったのか。」「はじめから刀などございませんでした。」しかしこの刀のことは、問題の日誌にのべてあり、こまごまと十分な説明もしてある、といってわれわれが反論すると、かれはいった。「しかしお見せする僧がおりません。」「ではその僧はどこにいるのかね。呼びにやりたまえ。われわれは刀を見るつもりなのだ。」「僧ですか。僧は死にました。」「それでは、その後継ぎは。」「かれは、小倉にまいっております。」これでもう万事休すかと思えた。……そして、僧をださねばどうにもこの日の自分たちの勤めは終わりそうにないと役人《ヤコニン》たちが徐々に信じはじめたころになって、僧が現われた。そして、これ以上の儀式張ったことやためらいもなく、ほこりっぽい箱がもち出され、そして想像以下のぞんざいさで、二本の古いさびた刀がとりだされた。……追求されて説明をつよくもとめられると、その張本人は、あれは間違いで、刀などないと思ったのだといった。「それでは、なにも知らないのなら、なぜたずねもしないで、刀などないと断言するのか。」「わたしは、当寺の者ではございませぬ。刀のことは存じておりませんでした。」「それから、僧を最初は死んだことにして、つぎには小倉へいったことにしたのはどうなのか。」「いったとだれかが申しておりましたから。」とまあ最後までこういった調子である。日本人の良心に触れるような具合にごまかしを責めようとするのは、泥のなかでうなぎの尻尾《しっぽ》をつかもうとするようなものである。かならず身をくねらせてこちらの手からぬけだし、生まれ故郷の虚偽の大海をまた泳ぎまわるのである。

（同書、同訳、強調は原著者）

これを読んで異国の話のように笑い転げている読者は、わが国の現状を何も知らない。いまでも、まったくこの通りである。政治家が「何も聞いておりません。記憶にありません」と、真顔でとぼけて語ることをあれほど糾弾しながら、ほとんどの日本国民はいざとなると、まさにこうなるのである。その場をさしあたり切り抜けることができさえすれば、嘘を何百ついても、そのあいだにどんなに矛盾が生じても、何の良心の呵責《かしやく》も感じないのだ。

私と喧嘩《けんか》すると店はつぶれる？

調布の電通大近くに天神《てんじん》通りという昔ながらの商店街がある。ああ、そのなんと多くの店と喧嘩したことであろう！　都条例をもち出しても、環境庁の手引きをもち出しても、なんとわかってもらえなかったことであろう！　ある洋品店にはスピーカーの音が大きすぎると抗議した。あるラーメン屋には昼日中から電気をつける必要はないと抗議した。ある周旋屋にも、街灯が壊れて昼間でも点《つ》いているから直してくれと言った。コンビニには、音楽が大きすぎると抗議した。酒屋には、「いらっしゃい、いらっしゃい」というスピーカーをやめてくれるように要求し、聞いてくれなかったのでそのスピーカーを奪い取って民家の垣根の向こうに捨ててしまった（あとで三万円弁償したけれど）。そこを通るときは虚《むな》しさを抱えて通るのだが、そんな中で何よりうれしいことは、私が文句をつけた店はつぶれることが多いということである。その酒屋は一年もしないうちにつぶれてしまった。だから、いまはスピーカーは据えていない。あのラーメン屋も、私が乗り込んでから、二年後くらいにつぶれてしまった。

念のために言っておくと、私が怒り狂うのは、音がうるさいことではない。私の頼みを無視することではない。「はい、わかりました」とうわべでは答えながら、じつはぜんぜん変えようとしない、その薄汚い態度である。「わかりました」とその場では音を小さくするが、翌日行くとまた大音響を放出している。それを咎《とが》めても、何の疚《やま》しいところもない。涼しい顔をして「商売だから」と答える。「じゃあ、『わかりました』と言わなければいいじゃないか！」と怒鳴ると、「すみません」と言うだけ。「すみません、と謝るのだから、今後音を消しますか？」と迫っても黙っている。

つい最近まで係争中だったのは、その天神通りにあるセイジョーというチェーンの薬屋である。その店は商品の棚がずんずん道路まで進出してくる。先日、その前を歩いていたら、せり出した棚のため、後ろから来る車に轢《ひ》かれそうになった。すぐに店の中に飛び込んで、店長を呼んでもらい、かくかくの次第だから、棚を道路に出さないでください、と要求したところ、「わかりました」と愛想のいい返事。

だが、翌日通るとまたせり出している。また店長を呼ぶ。

「なんで約束を守らないんですか！」

「十センチ引っ込めました」

「私が言ったのは、そういうことではない！　ここは道路であって、歩行者が車で轢かれそうになるので引っ込めてくれと言ったはずです。十センチでそれが達成されたと思うのですか。ただ、形だけじゃないですか。明日、引っ込めていなければ、調布警察に届けますよ」

「わかりました」

私は、その足で駅にとって返し、交番にセイジョーの一件を伝えて「警察からも、指導してください」と頼んだ。

さて、翌日は早い時間にそこを通ると、ちょうど開店時間であったが、なんと棚をせっせと道路に並べようとしている。また、店に飛び込む。

「警察から連絡なかったのですか？」

「ありました」

「じゃあ、なぜ道路に並べるのです？」

「……」

「いますぐ、すべての商品を店の中に戻してください！」

すると、店長以下数名の者は、従順この上ない態度で道路に並べてある商品をすべて店内に運び込んだのである。その後、「眼前の対立を避けようとするだけで、言葉を信じないわが国の文化に対して私は戦っているのだ」と私の思想を開示すると、店長はしみじみ言う。

「ほんとうに、その通りですね。ご指摘ありがとうございます。これからはけっしてあの線（車道が終わっているところに溝のある線）を越えません」

あまりにも丁重なので、こちらが気詰まりになる。

その後、しばらくその状態が続いた。だが、二週間ほど経ってそこを通ると、また大量の商品がせり出してあるのだ！　店に入って、大声で怒鳴った。

「私のこと憶《おぼ》えているでしょう？　あなた方はなんでそんなに嘘つきなんですか！　口では約束しておきながら、なんですぐにそれを破るんですか！　いますぐ、すべての商品を店の中に入れなさい！」

店長は不在で、女性店員はすぐに商品を店の中に片付けた。

おわかりであろう。二十一世紀の日本は、オールコックをたまげさせたあの幕末の光景とまったく同じである。慇懃《いんぎん》無礼に「はいはい」と従いながら、涼しい顔でそれに逆らう。眼の前の相手に「約束する」と誓いながら、相手が立ち去ると、もう約束を破ろうと決意している。まさに、「泥のなかでうなぎの尻尾をつかもうとするようなもの」だ。

しかも、みな、この国を覆い尽くす膨大な塵《ちり》のようなこうした「嘘」（営業的嘘）に無関心である。だが、私は虫唾《むしず》が走るほど、反吐《へど》が出るほど、鳥肌が立つほど、嫌いなのだ。

＊後日談。数日後、セイジョーの営業本部長と営業部支店指導担当が黒服で「薬を販売する者が、嘘ばかりついてすみませんでした」と丁寧に大学の私の研究室までお詫《わ》びに来た。その後、商品は「あの線」を越えていない。

特殊日本的嘘

まあ、こういう明快な嘘は、それでも風通しのいいものであるが、もっと陰湿で、だからもっと厄介なわが国に充満している嘘がある。その嘘は、ほとんど気がつかれないほど真実に近い外見をしており、嘘をつく本人も、それを嘘だとは明確に自覚しているわけではない。爪を噛《か》む癖のようなものであり、だから、それを指摘しても、また元に戻ってしまう。その嘘とは、何しろすべてを肯定的に、前向きに、よい方向に無理にでもとらえようとする執念のようなものに基づいている。

先ほどの夏休みのヨーロッパ滞在の話題に戻ると、ちょうどアテネオリンピックの開催期間と重なり、日本選手がちっとも出てこない自転車やフェンシングや乗馬ばかり中継するテレビを観ていた。八月三十日に帰国して、あらためて日本選手たちの活躍を細かく知ったが、インタビューを受ける選手たち、それを評するニュースキャスターやコメンテーターたちの言葉遣いに、いまさらのように「日本的体温」を感じ、それと私の固有の体温とのはなはだしい温度差を感じて、体調を崩してしまった。

日本選手たちは「この銅メダルは、金メダル以上の価値がある」とか「今回、金メダルを取れなかったのは、北京《ペキン》まで私がレスリングを続けられるため」とか、まじめ顔で語っているが、かなりの嘘があるのではないかと勘ぐってしまう。

もう一つは、メダルを取れたことも入賞できたことも、「すべて応援してくれたみなさまのおかげです」と執拗《しつよう》に繰り返すこと。この国では、個人がいかなる偉業を成し遂げようと、絶対にそれを自分の力だけで達成したと言ってはならない。そう語った瞬間に、彼（女）は世間から袋叩《ふくろだた》きにあい、この国ではもう生きていけないであろう。（金メダルの選手がドーピングの疑いでメダルを剝奪《はくだつ》されたため）大会後あらためて金メダルを獲得した室伏広治《むろふしこうじ》が、神妙な表情で「みなさまのご支援のおかげです」と語ったあとで発した「すなおに喜びたい」という言葉も、あまり「すなおに」響かなかった。

　マイクを向けられると、選手の口からすらりとこういう言葉が出てくる。しかも、彼らは淡々と無表情にではなく、感情をこめて語る。問いただせば、その言葉に嘘はないと答えるであろう。だが、そう答える（だろう）そのことが、こういう発話にまといつく嘘の中核をなしているのである。

「みなさまのおかげです」と語る選手も、じつは自分の胸のうちを丹念に探っていけば、それればかりではなく「自分の固有の能力と、たえまない練習によって」達成できたことを知っている。知っていながら、その部分をあえて表明しない。そう表明しない理由は、そう語るべきでないという漠然とした規則を知っているからであり、この規則を破ることによる身の危険を知っているからである。ここには、自分の本心を徹底的に探ろうとしない怠惰さが世間から排斥されたくないという計算高さと融合している。だからこそ、じつは人を害する嘘より数段悪質な嘘なのである。

　こうして、われわれ日本人は、公共空間で発話しようとするやいなや、自分が「ほんとうに思っていること」と「思うべきこと」とが渾然《こんぜん》一体となってしまい、いわば

“will（語りたいこと）”と“should（語るべきこと）”との境界が消えてしまう。「語りたいこと」は「語るべきこと」に隅々まで管理され、チェックされ、こうして徹底的に濾《ろ》過《か》された無難な言葉だけが、公共空間に飛び散る。

もちろん、どの文化もこうした側面をもつ。私は「どんなときでもほんとうのことを語りましょう」というような過度に理想的な提案をしているのではない。もし人々が文字通りこのことを実践してしまったら（大統領も、ローマ法王も、天皇も、首相も、防衛庁長官も、裁判官も、医者も、弁護士も……すべてほんとうのことのみを語ったら）、いかなる社会ももちこたえられずに崩壊するであろう。いや、その前に、ほとんどの場合、われわれは自分がほんとうに何を考えているか、何を感じているかさえ、容易につかめない。

社会学の専門用語を使えば、演技には「表層演技（surface acting）」と「深層演技（deep acting）」がある。前者はいわゆる演技として見透かされるような演技であるが、後者は、まったく面識のない人の葬式に行っても自然に涙が流れるとか、どんなつまらないものを贈られても、飛び上がらんばかりに喜んでしまう……というように、その人の性格にまで、あるいは体質にまでなっているほどの演技である。つまり、社会的に期待されていることを、ごく自然にできてしまう演技である。

なぜ、これが演技なのか？　冷静に考えてみれば――彼らは冷静に考えようとしないのであるが――自分は演技をしていることを知っているからである。では、なぜ演技をするのか？　これも冷静になって考えてみれば、自分を守るため、自分の所属する何か（家族、友人、会社、地域社会、国家など）を守るため、あるいは、人を傷つけたくないため（というより人を傷つけるような自分に耐えられないため）……というように、ぞろぞろ動機は出てくる。

日本の風土は、こうした深層演技の達人を繁茂させる。なぜなら、この国では深層演技に基づいた言葉遣いや態度が「おとな」の振舞いとして歓迎されるからであり、ということは、それに従っていればとにかく安全だからであり、けっして非難されないからである。つまり、ここには臭いほどの自己防衛が働いている。そして、人はどんなことがあっても自己防衛をやめることはないから――しかも社会に適合したい人ほど――深層演技は綿々と続くのである。

そして、深層演技の達人――いままでの人生でずいぶん遭遇したことがある、そのすべての人が私には反吐が出るほど不愉快であった――の強みは、自分の言語活動を真の意味で反省しないことである。点検しないことである。さらにその奥にある本心を探ることをしないことである。探ったとしても、本心と違うことをつい言ってしまったことにそれほど悩まないことである。しかも、すべての人がこうした振舞いを期待していると勝手に思い込んでいる。それに言いがかりをつけるような御仁は「おとな」ではないのであり、まだ人生の修行が足りないのである。

集団催眠ゲーム

ニュースキャスターやコメンテーターが「語るべきこと」のみを、しかも真実の感情を籠《こ》めて――正確に言いかえれば――真実らしい感情を籠めて語るのは、集団催眠の実施である。言わずもがな、ここには大量の嘘が繁茂している。

アテネオリンピックにおける日本選手の大活躍に「日本中が喜びに浸っている」わけではない。ほとんど無関心な人もいるであろうし、反感さえ抱いている人もいるであろう。自分がアテネに行けず、涙を呑《の》んで耐えている人もいるであろう。嫉妬《しっと》心に駆り立てられている人もいるにちがいない。私の個人的感情としては、北島《きたじま》（康介《こうすけ》）は傲慢《ごうまん》な感じがし、野口《のぐち》（みずき）の走り方は蛙のようでかっこ悪いと思った。私以外にも、選手のプレーや態度に関して、いろいろ否定的感想をもっている人も少なくないであろうに、不思議なことに、テレビ画面からはこうした否定的要素は綿密に除去され完全に無視されて「よいこと」のみが語られる。そして「すばらしい感動をありがとう」と結ばれるのである。

こうした集団催眠は、もちろんどの国にもあるが、わが国の場合、単にからっと沸き立つのではなく、「人間としてのあるべき姿勢」という倫理的色彩が強いように思う。このことは単に嘘だから聞き苦しいというに留《とど》まらない。はなはだしい暴力をうちに秘めている。こうしたゲームに参加しない者（つまりほんとうのことを語る者）を見つけるや、その口を封じ、「みんなの気分を害する者」「ひねくれ者」などのレッテルを貼って、迫害するのである。国民ひとりひとりがオリンピックに固有な態度で接していいはずであるのに、こういう集団催眠ゲーム（という嘘ゲーム）に参加する者のみが「正しく」、その他の者は誤っている、と断じてしまうのである。

ジャーナリズムが、こうした集団催眠ゲームの音頭を取っている。そして、それを「善良な市民」という名の権力者、「弱者」という名の強者がしっかり支えている。ここで、最近のジャーナリズムを賑《にぎ》わせている身近な例を二つ挙げよう。

一つは、秋篠宮《あきしののみや》妃の男の子誕生のニュースである。どのテレビ局も、どの番組も、どのコメンテーターも、「お慶《よろこ》び申し上げる」だけである。街の声もまた同じ。たぶん、マイクを向けられた人のうちには、天皇制に根本的な反感を抱いている人もいるにちがいない。そして、どう考えても相当数が皇位継承などには徹底的に無関心であろう（私も同じ）。だが、「こんな騒ぎ方には反発以外の何も感じません」とか「私にとってはどうでもいいことです」という声は皆無であった。

そして、もう一つは、甲子園《こうしえん》で優勝した早稲田《わせだ》実業の斎藤佑樹《さいとうゆうき》君に関するニュースである。これも、どのテレビ局も、どの番組も、どのコメンテーターも、ただただ「理想的青年」とか「息子にしたい」とか褒め上げるだけ。私が見聞した限りでは、彼に関するただの一つのマイナス評価もなかった。たとえどんなによいことでも、人々の言葉が一律になってしまったら、用心しなければならないと思う。そのことを、われわれは歴史からうんざりするほど学んできたはずである。

こうした点から見る限り、現代日本の精神構造は、中世の魔女裁判のときやヒットラーのユダヤ人迫害のときの精神構造とそれほど隔たったものではない。ほとんどの人は安心してみんなと同じ言葉をみんなと同じように語る。同じ人に対して同じように怒りをぶつける。同じ人に対して同じように賞賛する。そして、そのあげく魔女狩りにユダヤ人狩りに加担してしまい、ずっとあとで「だまされていた」と胸をたたいて嘆いても、それは狡《ずる》いというものである。みんなと同じ言葉を使うことに酔いしれていただけで、それにわずかにも批判眼をもたなかっただけで、立派な加害者なのだ！　せめて、それだけでも認めるべきであるのに、「弱者」という名の善人（オルテガの言葉を使えば「大衆」）はそれさえ認めない。

自分の本心を語ることに怠惰な人々は、いつか何が本心かわからなくなってしまう。そして、社会的に期待されることを社会的に期待されるように語り出して、それを自分の本心と思い込んでしまう。「みんな」という言葉を錦《にしき》の旗に掲げ、しらずしらずのうちにマイノリティの言葉をつぶしている。しかも、そのことに気がつかない。これが加害者でなくて何であろう？

理系教官による文系教官いじめ

本章のテーマにからめて、もう九年も前の話であり時効だからと勝手に決めて書いてしまうと、わが電気通信大学でも、空気は相当どんよりしていた（いる）のである。いまの「人間コミュニケーション学科」を創設するに当たっての、さまざまな既存の学科の教官からの意見を聞く懇談会が催された。

だが、始まるや否や、「そんなこと、あなた方にできるはずがない！」「そんな学科を創ってはたして電通大は生き残れるのか！」「文系の教官たちは、ほんとうに学生を卒研指導できるのか！」という嵐のような非難。まるで、「おまえら、馬鹿の集まりだから、あきらめたら？」とでも言わんばかりの口ぶりに、唖然《あぜん》とする。すさまじい「懇談会」だ。だが、もっと唖然とするのは、こういう罵詈《ばり》雑言《ぞうごん》を聞いても頭を垂れて何も反論しない文系教官たちである。「だから、いじめられるのだぞ」と思い、もう耐えられないと、私は叫ぶようにしゃべりはじめた。

「あなた方、無礼じゃないですか。自分たちの方がまともな学問をしており、文系の者は遊び半分のような口ぶりじゃないですか。文系の教官も理系の教官と同じような学問形態を取らねば駄目だと言いたげなそぶりじゃないですか。それは学問全体の事情を知らない狭い発想ですよ。文系教官は人間のことを研究しているのです。研究室や実験室に閉じこもっていては、研究できないのです。外に出て、いろんな人に会うことも必要だし、講演をしたり、取材を受けたり、対談したり、……こうした人間とのかかわりの中で学問は成立するのです。

それに、文系とひと括《くく》りで言いますが、私は東大の教養学科の『科学史科学哲学』というところを出て、そのあいだ量子力学も、群論も、ルベーグ積分も学びました。理学部の授業で原子物理学や相対性理論も受けてもいましたので、ここにいる人と同じ教室で授業を受けていたかもしれません。それから、私は法学部も卒業しました。哲学の大学院修士課程も終えました。それからウィーン大学で哲学博士の学位も得ました。文系・理系という垣根を越えていろいろなことをしてきたのです。もう欧米では理系だの文系だのの区別は無意味です」

内容的には嘘すれすれの誇大広告であるが、この発言によって会場はしんとしてしまった。とくに同じ一般教育の先生方は頭を垂れたまま何も言わない、これは憎まれるな、と思った。なら、そう言ってくれればいいものを。しばらくして、学部長がきまずい空気を一掃するかのように「頼もしい！」とひとこと言って、みんな笑った。

さて、事件はこれから始まるのである。

大学内に飛び交う怪文書

その数日後、事務室に行くと、事務の女性が「先生を中傷する怪文書が大学中に流れていますよ」と教えてくれた。ある理系教官が私を誹謗《ひぼう》するメールを選択的に学内に送っていることを一般教育（当時は「人文社会科学系列」と呼んでいた）のある先生が突き止めて、この前の系列会議の席（私は欠席していた）で公表したとのこと。

何も知らなかった。そんな文書が飛んでいること以上に、仲間の教官が誰ひとりとして教えてくれなかったことが、いささかショックであった。やはり、人文社会科学系列に属するほとんどの教官が、私のこの前の発言に反感を抱いているのだろう。さっそく、彼女からそのときのコピーを見せてもらう。そこには、次のような文章が連なっていた。

まず、皮肉たっぷりのD教授のメールの文面から。

懇談会の席上、文系（文理融合系？）教官の「お忙しい生活状況」をご披露いただいたが、それは文系教官が華麗な「研究」に没頭できているすばらしい研究環境をお持ちであって、実験科学系教官には「夢」そのものである。……「非常勤」でなく、「常勤」として存在する意義を十分にお考えいただきたい。「常勤」が「非常勤」と区別される理由を明確にご自覚され、それについて説得力を持っていただきたい。

つまり、理系教官の中には根強くある意見だが、毎日せっせと来ない文系教官は、全員常勤ではなく非常勤でいいのではないか、ということ。まあ、それも心情的にはわかるが……。続いて、私を名指しで攻撃するK教授の文章が載せられていた。

中島教授は、D先生の多少は踏み外した発言の心を捉《とら》えることもなく、発言の取り消しを要求し、あまつさえ、自分は東大教養で理工系の学問もマスターしたし、ヨーロッパのことも熟知し、優れた能力の持ち主であることを誇示し、学外の仕事で忙殺されインタヴューに追いまくられているのであるなどとのたまう。彼は、先日の教育委員会でも委員長I先生をも困惑させていた。……彼が発言を求めて、人文系教官には関心のないこのような問題を先に議題として、時間を長引かせるのはけしからん、私は非常に忙しいのだからもう退席する、と出ていってしまった。非常に利己的な、自分が中心で世界が回っていると勘違いしている御仁であると思う。平成七年の着任でここまで横柄に振る舞える人物に新学科を託してみようと考えるほど電通大の専門教官はお人よしなのでしょうか。……

　ここに出現してくる文系教官（中島注、当時まだ在職していた西尾幹二氏も含めて）は、いずれも学外での活動をもって自分たちを誇示するものたちであり、基礎から営々と積み上げ、理論を構築してシステムを生み出すための設計を丹念に行い、現実世界の物作りへと還元して行こうとする理工系学者の愚鈍なまでの誠実な営みとは異質なものであることをはっきり自覚すべきであります。……

　そもそも電通大の人文教室は東大の文学部の出先機関と化している感があります。それをさらに確実に固定化しようというのがこの学科構想かもしれませんね。総合文化科目として単科大学としては破格の豊富なメニューを持ち、それを文部省に提示に行って、お褒めの言葉を頂いて、何が嬉《うれ》しいのですか。こんな授業のどれほどを我々の大学の学生が待ち望んでいるというのか、消化不良を起こしている学生が大半ではないのか。東大文系出身の秀才を気取る学者が、おまえらには分かるまいが、と高尚な授業を与えてやってるという姿でないのですか。

この内容には若干の事実誤認があるが、まあ理系の頭の固い教官の意見はこんなものだろうと思っていたから、内容について私はそれほど怒ったわけではない。私が怒り心頭に発したのは、その汚いやり方である。私を名指しで非難した（これは厭《いや》ではない）からには私に言うべきであって、私以外の人に怒りをぶつけて何がおもしろいのだろう？　卑劣で下品なやり方である。そう思い、すぐにK教授に電話して、すぐに会いに行くと伝えた。彼は拒否しなかった。

彼の研究室に着くや否や、まず事実誤認を指摘したあとで、「なんで、先生はこんなナチスみたいな汚いやり方をするんですか！　私が電通大に三年いるだけで文句を言うとは横柄だという発想は、では私が十年いれば何を言っても許されるんですか！」とともに抗議した。「不満なら私に直接メールを送ればいいでしょう！　あの席で黙っていて、後から私以外の人に『中島はけしからん』というメールを出すのは、卑劣きわまりない」と言うと、拍子抜けしてしまうことに、へらへら笑いながら「あまり弁が立つので、勝ち目がないと思って……」と告白する。悪い人ではない。

その後、一時間ほどぐいぐい責めたてて、「じつは先生のように、矢おもてに立って私を攻撃するのは厭じゃないんです。はるかに厭なのは、先生に喝采《かっさい》しながら、手を汚さない多くの理系教官たちですよ。人文社会科学系列の教官たちも、この卑劣な文書を会議の席で回し読みしながら、誰ひとり教えてくれなかった。そのことのほうに、はるかに大きな怒りを覚えますね」と結んだ。最後に、「それでも新学科を創ることには反対だ」というK教授の確認を得て研究室を去った次第である。

いじわるな私

こうした体験を通じて、私はいろいろの仕方で言葉を文字通り使う「実験」を試みている。これが、いかにわが国においては異常なことか、だからはなはだしく厭がられるか、やってみるとわかるが、なかなかおもしろいものである。

例えば、ある日のこと、いつものように大学近くの行きつけの呑屋《のみや》で学生たちと呑《の》んでいると、あちらの座敷に陣取る五、六人のグループが無闇にうるさい。そこで、料理を運んできた中年女性のウエイトレスに「ちょっと、あそこの客、うるさくて話ができないから、静かにするように言ってくれますか?」と頼む。彼女は「はい」と料理を並べながら答えたが、いくら待ってもあちらに行く気配はない。客たちも依然としてうるさいことこの上ない。

そこで、十五分位してまたわれわれのテーブルの前をすいと通過する彼女を呼び止めて「さっき、あの客たちに静かにしてくれるように頼んだのに、なんであなたは何もしないんですか?」と尋ねてみた。「でも……」と彼女は口ごもる。

「あなたは『はい』といいましたよね?」

「ですが、従業員としては、お客さまには何も言えませんので……」

「店長、呼んでください」

店長の女将《おかみ》さんがやってくる。

「先生、何でしょう？」

「この人、いま『従業員はお客がいくらうるさくても、何も言えない』と言いましたが、このお店ではそんな教育をしているのですか？」

「いえ、そんなことありませんよ」

いつのまにかウエイトレスはわれわれのテーブルから離れ、何ごともなかったかのようにほかの客の注文をとっている。女将さんも、私の「異常ぶり」を知っているので微笑んでいる。そのあいだに、——残念なことに——あの客たちは帰り支度を始め、「言葉を文字通りとらえる実験」はおしまいとなった。

付き合いのある編集者のすべてに対して、おべんちゃらの一つも見逃さず厳しく追及する。定型的な言葉や心にもない言葉をちょっとでも表明したら、言葉の裏を読もうとする態度に出たら、その場で弁解を求め、場合によっては仕事を放棄する。こうして、絶対に言葉を文字通り受け取るように注文する。

慣れれば何のこともないのだが、はじめて私の担当になった若い編集者は大変のようである。世間で通用していること、会社で教えられたこととは正確に逆のことをしなければならないのだから。

若い編集者は、最寄の調布駅に着いてから大学に来るまでの道で、はじめ何を話そうか考えてわからなくなった、と告白してくれた。彼も馬鹿だね、ただ思った通りのことを話せばいいのに！　例えば、「面倒くさい先生の担当にはなりたくなかったのですが……」とか。ある女性編集者は年賀状をよこし（私は主義として年賀状を出さないが、受け取ることまで拒否しているわけではない）、「明けましておめでとうございます」のあとの余白に小さい文字で「このあとに書くべき言葉が思い浮かびません」とあって、笑ってしまった。

としても、こうした私の行為が「いじめ」と解されるのだから、困ったものである。「先生、ウチの庄司《しょうじ》をあまりいじめないでください」と、年上の編集者から言われてしまうのだ。私も、「醜い日本」にいじめられ通しなので、つい腹いせに弱い者いじめをしているのかなあ？　いじわる爺《じい》さんになったのかなあ？

5　醜と不快の哲学

醜と不快との関係

以上、「美しい日本」のあまり人が論じない独特の醜さについて語ってきたが、最後「醜い」という言葉について哲学的考察を加えておく。多くの読者が「醜い」とは完全に主観的だと信じているであろうから、「そうではない！」と声を大にして叫ばねばならない。醜は（後に考察するが）独特の普遍性をもっているのである。

不快については、たしかに各人によって異なっている。だが、だからといって「さまざまである」と言って思考を停止させていいわけではない。個々人にとってさまざまな違いを見せ、統一的相貌《そうぼう》をとらえるのが難しいからこそ、そこには固有の問題が潜んでいるのだ。

哲学者はこれまでいろいろな否定的概念、例えば存在の否定である「無」、善の否定である「悪」、理性の否定としての「暴力」ないし「狂気」、健康の否定としての「病」などに旺盛《おうせい》な興味を示してきたのに、美の否定としての「醜」や快の否定としての「不快」には、ほとんど興味を示してこなかった。

なぜなのか？　思うに、プラトニズムに典型的であるが（美のイデア）、美とはわれわれがそれに対してあまねく憧《あこが》れをもつものであり、ゆえに「普遍的なもの」とみなされてきた。カントは、美を「目的のない合目的性（Zweckmäßigkeit ohne Zweck）」と表現した。野の百合《ゆり》・空の鳥は、ソロモンの衣装より美しい。それらが独特の姿をしていることには、いかなる確固とした目的も見いだせないが、それにもかかわらずあたかも一つの確固とした目的をもつか
のようなあり方（＝合目的性）である。カントによれば、美学とは個々の対象にかかわる学なのではなく、こうした「合目的性」という普遍的形式にかかわる学なのである。だからこそ、美は各人の感受性の差異に留《とど》まり何らの普遍性をもたない（とみなされる）快とは区別すべきなのだ。

しかし、美の否定としての醜と快の否定としての不快とは、ほとんど変わりのないものとみなされてきた。図Ⅰと図Ⅱを比べてもらいたい。「美」と「快」は、微妙に重なり合いながらも固有の領域に向かって広がる二つの円である。美は快とは区別されるものとして研究されてきた。だが、美の否定としての醜は、混沌《こんとん》とした拡散するものとして、一つの哲学的思索の対象としては扱いにくいものであった。

こうして、醜と不快は、互いに判明に区別されない。醜女とはそれに対して不快を覚える容貌の女にほかならず、醜い光景とはそれに対して不快を覚える光景にほかならない、というように。

このように、醜をあくまでも個人の領域である「不快」から切り離して論ずるのが難

I

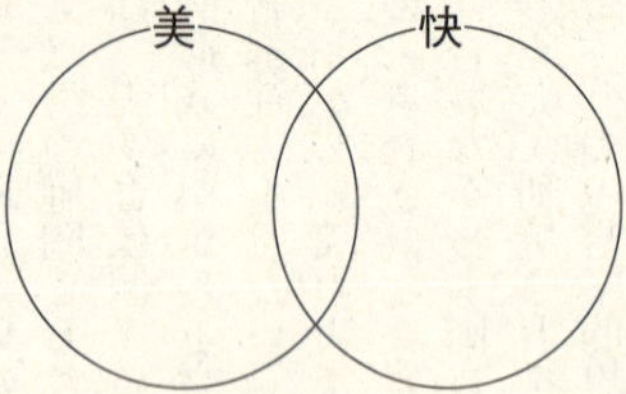

II

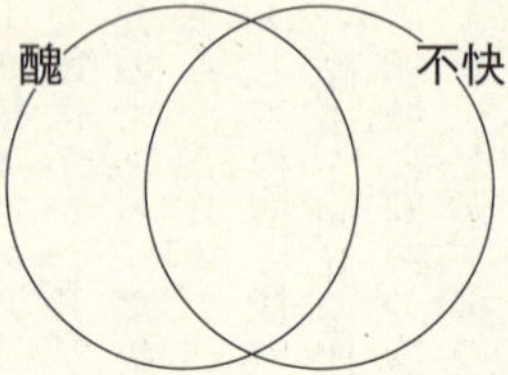

しいゆえ醜を哲学的に論ずることが難しいのである。しかし、心を行き届かせれば、やはり両者を区別することはできる。「彼女は不美人だが、別に不快ではない」とか「たしかに、電線の写真は醜いと思うけれど、私にはあまり気にならない」というように。その場合、（例えば駅前商店街の光景に）不快を感じない人に対して、私がそれに不快を感ずるように強制することはできない。しかし、たとえそうであったとしても、「醜い」という判断に関しては、その人と私とが一致することもありえる。

以上の考察から、私が指摘している日本の町（とくに商店街）の光景は、多くの日本人にとって「美しくはないが不快ではない」という広大な領域に属するように思われる。図Ⅲを見てもらいたい。

Ⅲ

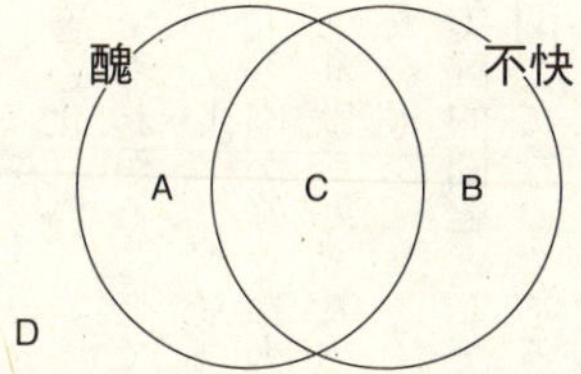

A　醜いと思うが不快ではない。
B　醜いと思わないが不快である。
C　醜いと思いかつ不快である。
D　醜いとも思わず不快でもない。

日本人のマジョリティにとって、電線・電柱は、Aの「醜いと思うが不快ではない」領域あるいはDの「醜いとも思わず不快でもない」領域となろう。だが、私にとってはCの「醜いと思いかつ不快である」領域となる。日本人のマジョリティにとって、エスカレーターの注意放送は、Dの領域になるだろう。だが、私にとっては、やはりCの領域になる。

こうして、私のような感受性のマイノリティにとって、ハードルは二つ仕掛けられている。一つは、私が醜いと思うのに、そう思わない膨大な数の人びとの感受性である。そして、もう一つは、私が不快なのに、不快を感じない膨大な数の人びとの感受性である。

「醜」に限定すれば、かなりの程度各人のあいだに一致点を探ることもできる。しかし、現実の人間感情にはそれらに影のように快・不快が張りついている。快・不快を介入させるや否や、突如醜はきわめて扱うのに困難な問題へと変身するのである。

感受性と普遍化

まず、誰でもわかることであるが、そしてそれにもかかわらずほとんどの者が自覚的に認識していないことであるが、快の多様性は実践的にはいかなる問題にもならない。魚が好きな人と肉が好きな人がそれぞれ勝手に好きなものを食べても、クラシック音楽が好きな人と演歌が好きな人がそれぞれ別の劇場に足を運んでも、そこには何の深刻な問題も生じない。

多様性が実践的問題として浮かび上がるのは、もっぱら不快の多様性（不快を与える多様性）に関してなのである。鶏肉《とり》が大好きな者と反吐《へど》が出るほど嫌いな者とが、どこまで一緒に食事できるか、（寒いのが不快な）寒がりと（暑いのが不快な）暑がりがどこまで一緒に生活できるか、ということである。一緒でなければいいのか。鶏肉が見るのも厭《いや》な者のすぐ傍で鶏肉を食べなければいいのか。暑がりは寒がりと一緒の空間にいなければいいのか。だが、この二例からもわかるように、現実問題としてすべての不快事項に関して棲《す》み分けができないところに、切実な問題があるのだ。

寒がりに合わせて、冬のあいだ公共空間の温度を摂氏二十六度に統一することはできないであろう。暑がりに合わせて、十八度に統一することもできない。といって、あらゆる個人差を考慮して、さまざまな温度差の空間を準備するわけにもいかないであろう。では、どうすればいいのか。公共空間においては、おおよそ標準的な感受性を規準にして温度設定をするしかない。

温度の感じ方に関しては、それほど深刻な個人差はないかもしれない。しかし、個人差がはなはだ大きい場合、正確に逆転している場合さえある。例えば、微に入り細を穿《うが》った校則に不快を覚えるものと快感を覚えるもの、君が代を耳にして反感を覚えるものと快感を覚えるもの等々。

こうした感受性にまつわる個人間の差異に関しては、J・L・マッキーの言うように（『倫理学』加藤尚武監訳、哲書房）、「相手の立場に立ってみる」ことが絶望的に困難である。マッキーは普遍化に三段階を区別する。

普遍化の第一段階――数的差異の度外視
普遍化の第二段階――他人の立場に自分を置いてみること
普遍化の第三段階――違った趣味や対立する理念を考慮に入れること

倫理的命題の普遍化を意図する者は、まず第一段階において、「単に私が私であり、あなたがあなたであるという理由だけで、……あなたにとって誤りであるものが私にとって正しいものとは決してならない」ことを認めねばならない。これは、現実にはほとんど生じないと思われるが、エゴイズムの究極形態であり、「俺はタバコを吸っていい。他の奴は駄目だ。なぜなら、俺だから」という主張がまかり通る事態である。「俺は社長だから」とか「俺は天才だから」という理由ではない。こうした発言は「社長」や「天才」という述語が完全に個人を表わすのではないゆえに、この第一段階からは排除される。

そして、第二段階においては、たとえ各人のあいだに与えられた条件はさまざまであっても、相手の立場に身を置けば(そのふりをすれば)、ある程度普遍化ができる事柄は少なくない。刑法上の犯罪とそれに対する刑罰とか、民法上の損害賠償とか、累進課税とか、男女雇用機会均等法とか、法律を始めとした社会的制度は、すべてこの段階の普遍化をクリアしている(とみなされている)。

感受性や信念の普遍化

だが、第三段階にまで進むと、とたんに視界には霧が立ち込めてくる。

……人は他者の要求、趣味、好き嫌い、理念や価値、並びに彼の他の性質や能力や外的状況までも引き受けることになる。しかしその時には、自分自身を他者の立場に置くという言い方はほとんど意味をなさない。というのも、その人自身に属するものがほとんど何も残っていないからである。（同書、強調は原著者）

さまざまな人の感受性や信念を顧慮して「普遍化」を無理にでも推し進めると、何をしているかわからなくなる。ブッシュ大統領（当時）が「自分がアルカイダ系のテロリストだったら、テロ行為を継続するであろう」と宣言したところで、あるヒンドゥー教徒が、「自分がヒンドゥー教徒でなければ、牛肉をよろこんで食べるであろう」と言ったとしても、ホモセクシャルの男が「私がヘテロセクシャルであったら、女のからだに欲望を覚えるであろう」と結論づけたとしても、いったい彼らは何を主張しているのであろうか？　よくよく考えてみれば、信念や感受性を含めて相手の立場を「わかる」ことは不可能なのだ。では、どうすればいいのか？

ここから、すべての倫理学的思考はスタートするのに、多くの人はここで思考をストップさせてしまう。そして、マジョリティはおうおうにして――漠然と普遍化の第三段階の不可能性を知っているからであろうか――、マイノリティの感受性を切り捨てるのみならず、ほとんど無意識のうちに排除し圧殺しようとする。マジョリティは、快・不快は各人によってさまざまであるという了解をもちながら、時にはそう表明しながらも、統計的に多数の快・不快をついつい「正常な」感情として認め、それから外れる感情を「異常な」感情として切り捨ててしまうのだ。

しかも、こうした正常・異常のコードは日常生活の細部に及ぶ。食事の仕方、排泄《はいせつ》の仕方、セックスの好み、挨拶《あいさつ》の仕方、歩き方、座り方、服装など、日常生活に関するほとんどすべての点に関して、われわれは執拗《しつよう》な関心をもって正常と異常との境界づけに情熱を注いでいる。そして、時々刻々そこから（一定以上）ずれる者を告発し、排除し、迫害しようと企《たくら》んでいるのである。

私は、これまでいくら他人に説得してもわかってもらえなかった苦い体験を通じて、倫理的問題を快・不快を含めて考察することの難しさを骨の髄まで実感した。

かつて（八年前）京都に住む外国人を加えた同志たちと、おもに商店街の原色で巨大な看板や垂れ流しの放送、あるいは細い路地に突き刺さっている巨大なコンクリートの電柱を除去する目的で「京都の都市景観を考える会」を発足させた。平等院の住職も参加してくれ、広大な境内に自動販売機を一つも置かないことを決意した鞍馬山《くらまやま》の女性住職にも会いに行き、地元の京都新聞も関心を示してくれ、カメラマンを連れて京都市内を「視察」したが（写真⑰参照）、数回の会合の後立ち消えになった。当然であろう。前に（第一章で）も確認したが、こうした「改革」を、京都のほとんどの人が望んでいないからである。

これについては、絶望的事例を一つ挙げておく。ある住宅地の真ん中に高層マンションを建てる計画があり、近所の住民が猛反対しているという噂を聞いて現場を訪れた。なんと、その建築予定地は、「マンション反対」の汚い旗竿《はたざお》や看板や貼り紙の洪水だっ

⑰「京の都市景観を考える」記事：京都新聞提供

たのである。こうした体験を通じて、私の問いは絞られる。私が商店街など公共空間に望むこととは、マジョリティが望むこととは画然とずれている。では、マジョリティの感受性からずれた私のような人間は、すべてをあきらめるほかはないのか？　それも不合理であろう。では、どうしたらいいのか？　解決はなかなか一筋縄ではいかない。

生理的不快

次に図Ⅳを見てほしい。不快は醜から区別されるが、不快もまた次のように三分類される。

イ　生理的不快
ロ　美学的不快
ハ　倫理的不快

生理的不快とは「悪い」や「醜い」という混入物が極小の場合である。言いかえれば、なまの感覚と不快という感情とが融合しているような場合。その例は、簡単に挙げることができる。ガラスの上を釘《くぎ》で強くたどってキキーと音を出す場合、その音は（大部分の者にとって）不快であるが、倫理的に悪いわけでも美学的に醜いわけでもあるまい。ある青年が猛烈な歯の痛みを覚えても、彼にとってその痛みは不快であるが悪いわけで

Ⅳ

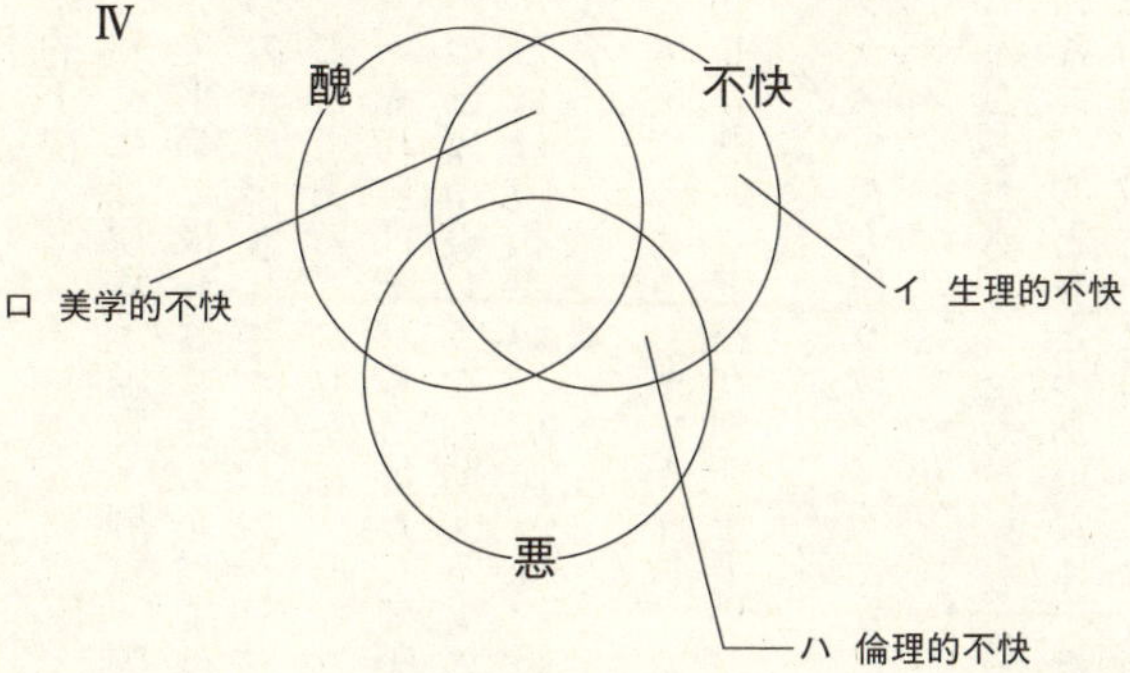

も醜いわけでもない。ここは、社会的調教が最も力を発揮しにくい領域である（といってゼロではない）。生理的不快と美学的不快との境界線は次のような規準によって引かれる。

（1）「醜い」という判断は「美しい」という判断の否定であって、やはりそこには明確な判断の対象が必要であり、だからその対象が成立する以前の単なる「感覚」は醜いとは言えない。

（2）（右と関係するが）「醜い」という判断の対象は、おもに「見る」ことができるもの、せいぜい「聴く」ことができるものであり、それ以外の感覚である味覚、嗅覚《きゅうかく》、触覚は判断以前のものとみなされやすい。

美学的不快

われわれには視覚・聴覚・触覚・嗅覚・味覚の五感が具《そな》わっているが、これらは美学において平等に扱われてきたわけではない。少なくとも古典的美学においては、視覚と聴覚のみが重視されてきた。「美しい」とは「見て美しい」こと、せいぜい「聴いて美しい」ことである。たしかに、心をなごませる木の肌ざわりや木の香りは認められる。しかし、それらはそれら自体として美しいのではなく、視覚的美しさが基調である全体としての部屋の美しさを補助するものにすぎない。凝った日本料理を見て「美しい」と判断するには違和感がないが、味だけを切り離して「美しい」と判断することには違和感が残る。

逆を考えてみよう。醜いが不快でないとはいかなる場合か。AとBが、あるものに対して同じ「醜い」という判断を下す。しかし、Aは同時に不快であるが、Bは不快ではない。「あんなブサメンが一緒の部屋にいるだけで不快だ」という少女Aと「彼はたしかにブサメンだと思うけど、そんなに不快ではない」という少女Bがいてもおかしくない（イケメンとは「見て」カッコいい男のことであり、ブサメンとは「見て」カッコわるい男のことである、念のため）。しかも、AとBのようにはっきりした態度をとるとは限らない。AとBとのあいだに、ほとんど無限の快・不快の程度があるのだ。

四年前に、取材のためしかたなく十年ぶりに渋谷センター街を訪れた。予想していたことだけれど、たこ焼き屋とパチンコ屋を巨大にしたような、下品で、醜悪で、卑猥《ひわい》で、欲望剝《む》き出しの、地獄絵のような風景に心底たまげた！　そこを平然と、いや柔和な顔つきで通りすぎる若者たちに「このすべてに不快になれ！」と叫んでも無駄であることをあらためて感じた。

こうして、美学的不快の領域に一歩足を踏み込むと、もう混沌《こんとん》とした多様な判断の領域が広がっている。曲者《くせもの》は、こうした多様性がそのまま承認されないことである。ここでも、マジョリティは「マジョリティの快・不快＝自然な快・不快」の等式のもとに、鞭《むち》をうならせてわれわれのからだを調教しようとする。美学的快・不快感でさえその大部分は社会的感情であり、社会の安定のためにはその構成員が共感する領域の広いことがはなはだ必要なのだ。

大多数の日本人にとって、たいそう気になることとそうでもないことがある。煙草の吸殻のポイ捨て（この言葉も私には不快であるが）は、たいそう気になるほうに属する。だが垂れ幕や横断幕は気にならない。京王線の千歳烏山駅には「千歳烏山駅周辺は環境美化推進地区です‼」という汚い横断幕がホームに長々と掛けられているが、これは空き缶や煙草の吸殻がない地区という意味である（写真⑱参照）。私にはその横断幕のほうが煙草の吸殻十個より汚く思われるのだが、横浜市などを走っている「ポイ捨てをなくしましょう」という宣伝カーの轟音《ごうおん》のほうが煙草の吸殻百個よりも耐えがたいのだが、そういう感受性の持ち主は絶対的マイノリティである。

善良な市民は、せっせと空き缶や煙草の吸殻を拾い集めながら、歩道上に立ち並ぶ看板や幟《のぼり》（旗）、頭上でとぐろをまく電線、耳をつんざくようなスピーカーの音にはまったく無関心である。このことに私は非常な反発を覚える。煙草の吸殻や空き缶が数十個散乱していてもいいから、歩道に立看や幟がなければどんなにすっきりするかと思う。スピーカーが消えてくれれば、どんなに心地よいかと思う。しかし、ほとんどの人はそう考えない。そして、吸殻をポイ捨てする人の道徳心のなさに対する「怒り」に燃えている。

感受性のマジョリティは、自分たちの感受性に対する絶対的（独断的＝無批判的）自信をもっている。そして、こういう人に限って、私のような感受性の少数派には共感しないのである。

倫理的不快

美学的不快と倫理的不快は、区別はされるが互いにぴったり寄りそっている。

われわれは、ある種の不快感に関して「趣味が悪い（不快だ）」とか「センスが悪い（不快だ）」という美学的レベルよりはるかに強く、「倫理的に悪い（不快だ）」というレベルで他人を非難する。女装し女言葉を使っている男は、単に「気持ち悪い」というに留《とど》まらず、人間としての生き方がまちがっていると判断される。公衆の面前で性器を露出する男も、美的感受性が欠如しているというよりむしろ倫理的感受性の欠如した人間

千歳烏山駅周辺は環境美化推進地区です!!
空き缶や吸い殻などのポイ捨てをなくしてきれいなまちにしましょう
世田谷区

⑱京王線千歳烏山駅

とみなされる。

人間の基本的マナーの大部分は文化に拘束されている。排泄の仕方、食べ方、座り方、立ち方、話し方……と生活の微細な領域に至るまで、「(美学的に) 醜い」とされる行為の大部分は同時に「(道徳的に) 悪い」行為である。こうして、しばしばある人にとって、ある事柄ないし行為がみずからの道徳的な信念に反するゆえに、不快感にまで高まる。戦前戦中の軍隊において、まじめな上官は軍事規律に従わない兵隊に対して倫理的不快感を覚えたであろう。現代日本でも、管理教育推進教師は校則に違反する生徒に対して倫理的不快感を覚えるであろう。イスラム教の信者は豚肉を食べることに対して、ヒンドゥー教の信者は牛肉を食べることに対して、倫理的不快感を覚えるであろう。以上の諸例からもわかる通り、倫理的不快感は美学的(感性的)不快感よりはるかに強烈な怒りを呼ぶ。

そして、私は日本の街を歩くと、倫理的不快に充たされるのである。商店の中から、壁や電柱や屋上に取りつけられたスピーカーから、はたまた巨大な街頭大型ビジョンからけたたましい音楽や甲高い声が、私の身体を射抜きつづける。各店の前で、駅構内で、広場で、マイクを握りしめた男女が「いらっしゃい、いらっしゃい、本日は大特売です……」とか「弱者を守る共産党……」と、がなりたてる。ありとあらゆる店内には(デパートでもスーパーでも個人商店でも)、大音響の音楽が、また「×××はお買い得です……迷子のお知らせをします……スリにご注意ください」などなどの甲高い声の商業放送と管理放送が垂れ流されている。時折、右翼の街宣車が大音声を轟《とどろ》かして通過する。

こうした「聴きたくない音」がどっと洪水のように皮膚のうちに侵入してきて、私を無性に疲れさせ、怒りが体内に溜《た》まってくる。音は——眼を閉じてみればわかるが——もともと「うち」と「そと」との区別を越境してしまうのだ。私の「そと」の音源は、聴覚以外の視覚や触覚の助けによってはじめて確定できるのである。

なぜ、これに私は倫理的不快を感ずるのか？　ひとは（音のみならず）個人の「うち」にさまざまな形態で侵入することがあってはならない、それが必要であっても鈍感であってはならない、と信じているからである。

音だけではない。あらゆるところで原色の光の渦が私の眼を直撃する。屋根や壁からはみ出すほどの巨大な看板からは、どぎつい文字が眼に飛び込む。そして、歩道には商店の棚がずんずんせり出しており、おびただしい旗や看板が立ち、自転車が無秩序に置かれ、五メートルおきに、打ち上げられた鯨のように巨大な車が乗り上げている。そこにティッシューを抱えた男女が右から左から腕を差し伸ばして通行人に渡そうとする。徹底的に個人の「うち」に侵入し、しかもそのことに何の疑いももたない放送とそれをシャワーのように浴びて平然としている顔、顔、顔に、私は倫理的不快を覚える。

この点、私は完全なヨーロッパ主義者である。以上のような奇怪な現象はヨーロッパの街にはまず見られない。たしかに、セックス産業がひしめく歓楽地帯は似たような刺激空間である。しかし、そうした地帯は都市全体のごく一部であり、パリのモンマルトルやハンブルクのレイパーバーンですら、音は無限に少なく、歩道はゆったりとしていて、疲労は少ない。

そのほかの一般的な商店街は、日本の都市の基準からすれば閑古鳥の鳴く静けさであり、巨大な広告も看板もなく、徹底的に光も色も抑えられており、がらんとした視覚空間である。そこにゆったり人々は散策している。この光景の違いはどうしたことであろう。

誤解しては困るが、これは人口密度の問題ではない。ローマの地下鉄のホームは人で溢《あふ》れかえっているが、何の放送もない。ウィーンでも、クリスマスイヴや大晦日《おおみそか》にはラッシュアワーさながら市民や観光客が中心街に集まるが、商店街の装飾は抑えられ、「音」はせず、警察による「押さないでください！　押さないでください！」という注意放送は皆無である。

世の中にはさまざまな人がいるし、さまざまな感受性の持ち主がいる。新宿歌舞伎町、渋谷センター街、吉祥寺南口、六本木のような、猥雑《わいざつ》で目眩《めまい》のするような刺激空間を好む人も数多いであろう。そういう場所もあっていいのだ。だが、問題なのは、地方都市の駅前商店街に至るまで、ほとんどわが国すべての商業空間がこうした代表的盛り場の縮小形態になっていることである。大部分のわが同胞が、そこに「美しくはないが居心地のよさ」を感じているからこそ、あらゆる商業地は轟《とどろ》く商業宣伝放送・甲高い管理放送・原色の色と光・巨大な看板という風景に統一されているのであろう。

強力なパターナリズム

日本の街を歩いていて（いや田舎でも）、私がとくに不快なのは、膨大な量の「お上」（政府・中央官庁・地方公共団体・商店会等々）からの通達である。交通安全週間には、何百本何千本もの「交通安全」の旗があらゆる商店街に国道に県道にはためいている。その合間も警察の広報車が「横断歩道では左右をよく見て渡りましょう！」とか「交通規則を守りましょう！」という定型的で質量ゼロの言葉を放出する。上空から「ただいま、光化学スモッグ注意報が解除されました……」とか「カラスなぜ鳴くの」のメロディとともに「よい子のみなさん、おうちに帰りましょう」という放送が流れることもある。

商店街のスピーカーからは「盗難に注意しましょう」とか「寝タバコはやめましょう」とか「ゴミは分別して出しましょう」という放送さえ入るところがある。そして、いたるところに「鞄《かばん》は手にしっかりもちましょう」という看板が「ポイ捨てをやめましょう」という垂れ幕が、そして所々には「気持ちのよい毎日は気持ちのよい挨拶《あいさつ》から」とか「犯罪から青少年を守りましょう」という巨大な塔が立っている。いたるところから「ああしましょう・こうしましょう・ああするのはやめましょう・こうするのはやめましょう」という言葉の絨毯《じゅうたん》爆撃が私を襲う。

新宿駅西口と東京都庁を結ぶ地下道には、朝晩のラッシュ時になると次のような放送が断続的に流れる。

ただいま通路内が大変混雑しています。マナーを守り接触事故を防止するよう、ご協力をお願いします。

上野公園では、「犬を連れている方は、鎖につなぎ、糞《ふん》の後始末に注意してください」という放送が大音響で流れる。ほとんど犬は見かけないのに、である。

都庁のそれぞれの担当課に電話し、こうした放送は（1）効果はなく、（2）ある人が放送を聴いてただちにやめるとしたらおかしく、（3）聴きたくない人にとっては暴力である、私は街を歩きながら、いたるところから「ああせよ・こうせよ」と言われたくない、またこうした管理放送で充満している街は基本的に未成熟で後進的なのではないか、と提言したが「やめない」と言う。

調布市では、ごく最近のことだが、二つの恐ろしい公共放送が発射されることになった。一つは、午後一時と四時に市内のあらゆる防災行政無線塔から垂れ流される次の放送。

こちらは調布市・調布警察です。子供の下校時間となりました。地域のみなさまも見守って、子供を犯罪から守りましょう。

そして、もう一つは午後六時から八時まで調布駅前で流される次のテープ音。

こちらは調布市です。都市美化に関する推進条例により、タバコのポイ捨てや歩きタバコを禁止しております。街をきれいに保つため、みなさまのご協力をお願いします。

さっそく、前者については防災安全課に電話し、「どんないいことでも、聴きたくない人もいるのであり、緊急の生命の危機のあるとき以外は、公共の空を使ってすべての人に通達するという野蛮な方法はやめてもらいたい」と抗議したが、わかってもらえなかった。後者については環境保全課に電話し「音も環境です。駅前で待ち合わせている人がこうした注意放送を何百回も聴かねばならないのはおかしいのではありませんか？」と言ってみた。その後、調布市役所に行って、職員四人と一時間にわたって議論したが、やはりわかってもらえなかった。

＊その後、後者の放送はなくなり、前者については、一時まったくなくなったが、まもなく週二度（月曜日と金曜日）一時十五分だけに流されることとなった。

「振り込め詐欺に注意しましょう」

私の家のある世田谷区《せたがや》はまだましだと高を括《くく》っていると、ある日たまたま夕方五時ごろ家に居たのだが、大音響で何か叫んでいる音が聞こえる。アルミサッシュの窓を開けてみると、「……子供たちを……守りましょう……」という爆音が熱気のようにブワーッと押し入ってくる。早速、世田谷区役所に電話して、放送は昨年（二〇〇五年）八月に開始し、毎水曜日午後五時に流していることを知る。電話口の職員に「いま、子どもを誘拐しようとする者が、あの放送を聴いたがゆえにやめるだろうと、あなたは思いますか？」と聞いてみると、「そういうことは実証されませんので……」と冷静沈着に答える。「そんなことわっかっとるわい。だから苦労してるんじゃねえか！」と、怒鳴りたくなるが、続ける。

　子供を犯罪から守ることに異存はないけれど、問題はその方法なのです。熊が出たとか津波が襲ってくるという緊急警報以外は、夜勤で昼眠っている人もたたき起こし、読書している人、原稿を書いている人の思考も中断させ、静寂に浸っている人の権利も侵害する暴力的な方法は不適当なのではないですか？

　職員は、私の演説を静かに聴いてくれたが、あなたのような反対意見もあるが、はるかに賛同者は多いから、やめるわけにはいかないと言う。そこで論法を切り替える。

問題はああいう放送を導入するときのやり方なのです。区民に相談もせず、念入りな公聴会も開かずに、あるとき突然入ってしまう。そして、大多数の区民の猛反対がない限り、私のような少数の区民からの反対があっても、そのまま承認されたものとみなして、何十年も続いていく。そのやり方に問題があるのです。私とて、世田谷区民の九割が望んでいるなら、あきらめますよ。

最後の台詞《せりふ》は戦略的にはよくなかった。ほんとうに区民全体に意見を求めたら、そうなる可能性が高いと私は睨《にら》んでいるのだから。職員は、それもわかるがやめないと言う。私が電話を切ろうとすると、「せっかく電話をいただいたのだから」と言って、週一回「振り込め詐欺に注意しましょう！」という放送も流していると（親切にも！）教えてくれる。最後にガーンと一発頭に食らった感じである。

私は「振り込め詐欺」にかかる人の気がしれない。見ず知らずの他人からの電話を信じて、すぐさま銀行に駆けつけて現金を振り込んでしまうというのだから。私だったら、声の相手が明らかに息子であっても学長であっても、絶対に振り込みはしない。こうした詐欺は欧米ではまず考えられない。他人をすぐに信じてしまうアホな市民と、彼らに向かって「振り込め詐欺に注意しましょう！」というアホ放送を垂れ流す「お上」とがうまく連携して、麗しい社会を形成しているのである。

先日の調布の花火大会の日は、昼間雨の降りそうな曇り空であった。夕方、空を放送が流れる。「きょうの花火大会は予定通り実施します！」ああ、そうなのだ、と思った。時間も迫っているし、市役所に問い合わせる以外わからない情報だから、これもいいかなあと思っていた。だが、そのあと「お出かけの際にはもう一度戸締りをお確かめください！」という注意が続いた。ここで、寛大な気持ちでいた私のうちに暗黒の雲が流れはじめる。余計なお世話である。そもそもこの放送を聴く人がすべて花火大会に来るわけではないはずなのに、家で見る予定の人もいるはずなのに、もうずっと前に家をあとにしていまさら「確かめ」られない人もいるはずなのに、つまり、あの放送はいまから花火大会に出かけようと考えている人にしか有効ではない……という合理的判断が頭をぐるぐるめぐり、考えもせず定型的な言葉を選びながらも、「いいことを伝えている」と思い込んでいる鈍感さがくっきりあぶり出されて、無性に腹が立ってしまう。

ついでに、最近の天気予報も、「素晴らしいお天気ですから、午前中に洗濯をしたら夕方には乾きます」とか「夜は気温が下がりますから、上着は必要でしょう」とか「気温の変化が大きいので風邪を引かないようご注意ください」とか、いろいろお節介な指示が続く。出かけ際に玄関で、ああしなさい・こうしなさいと注意を与える母親に向かって、「わかったよ！」と無愛想に答える中学生の男の子のように、一瞬むかっと来る。

まあ、テレビは消せばいいのだが（あるいは消音にすればいいのだが）「お上」はなるべく何もしないこと、とりわけ「民」を道徳的に導くことだけはやめるべきだと私は確信しているので、空に轟《とどろ》く防災行政無線放送を聴くや否や、不快を通り越して無性に悲しくなる。だが、困ったことに、この私の感受性は大多数の日本人の感受性とは正反対なのである。大多数の同胞は、歩きながら、いたるところから放送・看板・垂れ幕で、「よいこと」を言ってもらいたいのであり、呼びかけてもらいたい、指導してもらいたいのだ。全商店街を、管理教育の徹底した学校や刑務所にしてもらいたいのである。

他者危害の原則

倫理的不快に関しては、一つの理論的ヒントがある。加藤尚武《かとうひさたけ》は、J・S・ミルの自由主義（liberalism）の原則を次のようにまとめている（以下すべて引用は加藤の『現代倫理学入門』〔講談社学術文庫〕より）。

（1）判断能力のある大人なら、
（2）自分の生命、身体、財産にかんして、
（3）他人に危害を及ぼさない限り、
（4）たとえその決定が当人にとって不利益なことでも、
（5）自己決定の権限をもつ。

このうち、倫理的不快にとくに関係があるのは（3）の「他者危害の原則」と（4）

の「愚行権（the right to do what is wrong）」である。「他者危害の原則」は一見わかりやすいものであるが、「危害」の内容を探るとたちまち壁にぶちあたる。ミルの『自由論』より。

ある個人の行為が、他人の有する法定の権利を侵害するという程度には至らないにしても、それが他の人々にとって有害であり、あるいは他人の幸福に対する当然な配慮を欠いている、という場合はありうる。このような場合には、その反則者を法律によって処罰することは正当でないとしても、世論によって処罰することは正当であろう。

加藤はこれを「他者への危害」と「他者への迷惑」の区別と言いかえて、次のような例を挙げている。

たとえば高等学校で、一人の生徒は教室でテープを回してロック音楽を鳴らしたとする。一人の生徒は口紅とマニキュアをしていたとする。処罰の対象にすることができるのは、他者への危害を行なった前者だけであり、口紅やマニキュアをした後者は、説得、叱責《しっせき》、場合によってはあからさまな侮蔑《ぶべつ》の対象にはなるが、処罰の対象にしてはならない。

他者への危害と他者への迷惑とは、はっきり区別されなければならない。他者への危害と他者への迷惑を区別する理由は、公共機関（国家や自治体）がなるべく個人の生活に介入しないことを自由主義の原則とする限り、納得できるものである。つまり、公共機関は「危害」の段階ではじめて個人の生活に介入し、「迷惑」の段階では介入を控える（むしろ、加藤はこの区別をしたいために、公共機関が個人の生活に介入できるものを「危害」と呼び、そうでないものを「迷惑」と呼んだのであるが）。

マイノリティの「迷惑」は切り捨てられる

だが、危害と迷惑のあいだの区別が、まさに「はっきり区別され」ないのだ。ロック音楽は授業中なら他者への危害となろう。しかし、休み時間で、ほとんどの生徒がそれを望んでいるとしたら、そして、私だけがそれに不快を感じているとしたら、「他者への危害」が認められるか否か、はなはだ難しい。この事例は容易に拡大される。商店街の注意放送（迷惑駐輪はやめましょう、置き引きに注意しましょう、等々）をほとんどの通行人が望んでおり、少なくとも不快ではないと感じており、私だけがはなはだしく不快な場合、他者への危害は認められないであろう。

また、他者への迷惑ですら、マジョリティと不快感を共有しないかぎり、「世論によって処罰すること」や「説得、叱責、場合によってはあからさまな侮蔑」を行使することは難しい。教室で口紅をつけマニキュアをしている生徒に対して、大部分の生徒（そして先生）が不快感を覚えなければ、それは他者への迷惑にさえならない。そのとき、私一人が不快を覚えても、「世論によって処罰すること」はおろか、説得、叱責、侮蔑を向けることも難しい。

いや、事態はもっと過酷なのだ。この場合、もし私があえて口紅をつけマニキュアをしている彼女に対して説得、叱責、侮蔑を向けたとすると、私は当人ばかりではなく、クラス全員から逆に非難されるのである。私のほうが逆に説得、叱責され、侮蔑を向けられ、場合によっては「処罰」さえされてしまう（いじめ）。

おわかりであろう。たとえ私が、電線や電柱、びっしり並んだ看板、「ああせよ・こうせよ」とがなりたてるお節介放送、交通安全週間にたなびいている数千もの「交通安全」という旗、歩道に乗り上げている巨大な車、駐輪禁止の看板のすぐ傍に置かれている夥《おびただ》しい自転車、歩いていると左右から行く手を遮ってティッシューを渡そうと身構えている男女たち……が不快でたまらなくとも、それを理由に「世論によって処罰すること」はできないのだ。なぜなら、大多数の日本人にとっては全然不快ではないからである。ほとんどの者が、私が望んでいる何のスピーカー音も聞こえず、看板の大きさも色彩も抑えられ、電柱も電線もなく、歩道が広々とひろがり、見ようによってはがらんとし寒々とした（ヨーロッパのような）商店街を望まないからである。

私はこの二十年間にわたって、エスカレーターでの放送や禁煙の放送、携帯電話の注意放送、スーパーの特売放送、大売出しの絶叫的宣伝放送、等々の「音」は必要ないと訴えてきたが、ほとんど成果はなかった。いや、それどころではない。日曜の朝八時に「たけや～さお竹～」という轟くスピーカー音にたたき起こされ、その日の仕事の計画がまったく狂ってしまい、怒り心頭に発し外に飛び出て「もっと音を小さくしてくださいよ」と訴えても、そう訴える私のほうが、逆に「そんなわがままじゃ生きていけないよ」と「説得」あるいは「叱責」されてしまう。

私だけではない。私の仲間たち（拡声器騒音を考える会、街を静かにする会、京都の都市景観を考える会等々）が訴えても、いつも「そんなこと言うのはあなただけです、あなたはわがままだ」と「説得、叱責、場合によってはあからさまな侮蔑の対象」になるのである。

つまり、感受性のマイノリティがたとえ骨の髄まで迷惑を受けたと感じても、それはことごとく押しつぶされ、――興味深いことに――逆に感受性のマジョリティから「おまえこそ迷惑千万だ」と追い返されるのだ。

愚行権

次に（4）の愚行権の考察に入る。その核心は、やはり自由主義の原理である「公共機関による狂信的干渉の排除」である。国家や自治体が、大の大人に向かって「真昼間から酒を飲むとは何ごとか」とか「女遊びばかりしないで、奥さんのところに戻ったらどうだ」と干渉することを排除する原理であり、その限り納得できるものである。

ミルは次のように言う。

彼が、他人の注意と警告とに耳を傾けずに、犯すおそれのあるすべての過《あやま》ちよりは、他人が彼の幸福と見なすものを彼に強制することを許す実害の方がはるかに大きい。

しかし、じつのところこの権利は先に検討した「他者危害（迷惑）の原則」と一体となっている。あらためて確認してみると、「（3）他人に危害を及ぼさない限り、（4）たとえその決定が当人にとって不利益なことでも、（5）自己決定の権限をもつ」というものである。たとえある人が自分の部屋でポルノを見ていても、私に危害を加えないし、私の迷惑にはならない。たとえある人が肺癌になる確率が高いことを知りながら自宅で煙草を吸いつづけていても、私に危害を及ぼさないし、私に迷惑もかけない。その限り、これらの「愚行」もまた権利として認めねばならない。逆に言えば、私がその「愚行」に干渉することは権利の侵害になる。

だが、これもまた感受性のマジョリティしか救わないことは容易にわかろう。電車の中で他人の胸や尻《しり》をさすれば痴漢で逮捕される。この行為が愚行権として認められないのは、他人に危害（迷惑）を及ぼすからであるが、ここで重要なことは「痴漢行為を受ける者は不快である」という一般的合意が形成されていることである。他人の煙草の煙が体内に入る場合は、単に不快感に留《とど》まらず健康まで損ねる確率が高くなるのであるから、ますます愚行権は認められない。

だが、一般的合意が形成されていないような危害や迷惑や不快感はどうなるのか？　これは（4）における「不利益」をどうとらえるかにも懸かっている。近隣のラジオの音が大きいことを指摘しても、マンションの階上の家の足音がうるさいと訴えても、「その程度の音には耐えなければならない。そんなに神経質じゃ共同生活はできない」と説得されるのは、いつも私のほうである。「田舎に行け！　一軒家に住め！」と叱責されるのは、いつも私のほうである。

こうして、「他者危害の原則」や「愚行権＝狂信的干渉の排除」という規則により、感受性のマジョリティはいつでも保護されるのに、感受性のマイノリティはいつも保護されない。いやそれどころか、感受性のマイノリティが少しでも声を発すると、こうした規則そのものにひっかかって、逆に感受性のマジョリティから非難されるという残酷な構造をしているのである。

では、感受性のマイノリティを救う道はどこにあるのだろうか？　われわれは、ここで最も困難な問いに直面する。

不快の多様性

不快感は各人によって恐ろしく異なる。このことはいくら強調しても足りない。

私は授業中に学生が帽子を被《かぶ》っていたりガムをくちゃくちゃ嚙《か》んでいるのが無性に腹立たしいが、大方の先生はそうではないようである。この前など、大学院入試の面接をしながらガムを嚙んでいる先生がいたので、さすがに注意した。だが、高校生が口紅やマニキュアをしてもいっこうに「迷惑」ではない状態は実現しつつあり、いずれロック音楽を授業中に流すことが「危害」でなくなる日も来るかもしれない（すでに、いくつかの図書館では音楽を流している）。

一般に「不快」という感情を算入する瞬間に、あらゆる倫理的問題は客観的解決への道を失う。倫理的不快が成立しうるのは、それにまつわる不快が「一般的である」という前提がある限りである。人々のあいだで一致するという前提がある限りである。そして、それははなはだ偶然的であり、極小的である。

では、なぜにこのように足場がぐらつく脆弱《ぜいじゃく》な領域であるのに、しっかりとした岩盤のような相貌《そうぼう》を呈しているのだろうか。それは、（どの社会でもそうであるように）現代日本社会は、じつに細かい襞《ひだ》に至るまで人びとの感受性を統制しているからである。

北朝鮮工作員に拉致《らち》された人々の家族に対して「何の同情も覚えない」と言ってはならず、手鏡で女子高生のスカートの中を覗《のぞ》き込んでいた大学教授が「とくに異常だとは思わない」と言ってもならず、身を粉にして働きつづけ、女手ひとつで子供たちを育てあげた無学で働き者の母親には快（共感）を覚えねばならず、渋谷で男たちの金を頼ってふらふら遊びほうける家出少女たちには不快（反感）を覚えねばならない。つまり

「(いわゆる) 正しいこと」には快を覚えねばならず「(いわゆる) 不正なこと」には不快を覚えねばならない、という感情統制はからだの芯《しん》にまで浸透するほどの威力をもって現代日本人を支配しているのだ。

微妙な「ずれ」の残酷さ

私はある種の音や色彩や味に対する不快感の強さにおいて、またある種の言葉遣いや考え方や生き方に対する不寛容さにおいて、大多数の普通人からずれている。しかし完全にずれているわけではない。

もちろん、マジョリティの感受性からずれたすべての感受性をそのまま認めるわけにはいかないであろう。どの社会でも、人を殺したくてたまらない感受性、誰でもいいから刺したい、どんな女でもいいから強姦《ごうかん》したい、という感受性が認められることは、まあないようである。やはり、そこには——時代や文化によって揺らぎはあるものの——おのずから枠が設定される。

そして、感受性がマジョリティから極端にずれている場合は、レッテルを貼られ、隔離され、病人扱いされる。こうして、とにかく社会的に (マイナスに) 認知される。彼らはその社会で公認された (いうなれば)「特権的弱者」に引き上げられ、常人と対等な権利を剝奪《はくだつ》された分だけ、「異常人」であるゆえに、社会的には寛大に扱われる。分裂病 (統合失調症)、閉所恐怖症、離人症、潔癖症、強迫神経症、性同一性障害、PT

SD（Post Traumatic Stress Disorder）、自閉症等々、レッテルには不足しない。しかし、たぶん私はどの病院でも引き受けてもらえないであろう。こうした患者と普通人との境界に位置し、しかもやっかいなことに十分社会生活を営む能力もあるのだから。

私は病的なほど異常だとはみなされず、一応は普通人として認知されるゆえに、偏屈、傲慢《ごうまん》、自分勝手……等々ありとあらゆる石（しかも小石）を投げつけられる。誰もまともに聞いてはくれない。私が提示している問題を正面から見てくれない。ただの「自分ひとりで生きていると勘違いしているエゴイスティックな輩《やから》」として片づけられてしまうのである。

私を迫害する人々（善良な市民）の感情の表出は、ただ多数であるゆえに（これを強調したい）わがままであると思われないのに、私が私の固有の感情を表出すると、「わがままだ！」と一蹴《いっしゅう》される。善良な市民が炸裂《さくれつ》する大音響の中を盆踊りに興じていても、わがままではないが、私が「ボリュームを小さくしてください」と言うとわがままになるのである。善良な市民（××町内会）が「町ぐるみ非行の芽をつむ愛の声」という標語を立ててもわがままではないが、私が「それは（不快だから）取り払ってください」と言うとわがままになるのである。

しかも、あらためて注意を喚起しておくと、私がここで中心的に問題にする感受性のずれとは、寒がりとか甘党とか野菜嫌いといった純粋に生理的なもの（生理的不快）ではない。それも極端にマジョリティからずれている場合、共同生活を営むうえで苦しいであろうが、私の主に問題にしたいのは、（私のように）感受性のずれが、ある信念に基づいている場合（倫理的不快）である。その場合でも、極端に現代日本のマジョリティの信念からずれている場合（例えば、「奴隷制の復活」など）は誰も真剣に相手にしない。病院に入れられることはないだろうが、当人は社会において笑いものにされ、それがあまりにも非現実的であると、人々はやはり彼らに特権を与え、寛大になる。

だが、（私のように）もっと言葉の文字通りの意味を尊重すべきだとか、公共空間を「お上」が支配して、無闇やたらとああせよ・こうせよと命じるべきではないとか、人が（障害者も含めて）ゆったりと歩ける静かな街を実現すべきだという信念は、現代日本において——さしあたりマイノリティにせよ——それほど非現実的ではない。だからこそ（境界型であるからこそ）、マジョリティは——笑い飛ばすのではなく——眼の敵にするのだ。真剣に迫害するのである。

迫害されるとほんとうに「病気になっていく」理不尽さ

これに関して、最も理不尽であって、かつ危険な症状を挙げておこう。こうして、自分の周囲の人々との感受性の微妙なずれを日々自覚しながら生きていくうちに、私は絶え間ない「迫害」にさらされていることを自覚するようになる。だが、それをいちいち訴えることはくたびれはて、しかもほとんど聞き入れてくれないのだから、あきらめるようになる。

ほとんどの人がなんともない事柄を私が「不快だ」と発言するそのことが他人を不快にすると知って、私は次第に自分を律するようになる。不快でも、そう言わないようになり、耳を押さえたいのだが、そうしないで耐えるようになる。とはいえ、感受性の問題は、日々刻々私を襲ってくる。私は苦しくともそう言えない、いやそのそぶりさえできない理不尽を身に滲《し》みて感じる。これが、毎日毎日えんえん続くのである。

私は、こういう苦しみを知らない他人を、激しく憎むようになる。それでいて「人の痛みがわかる人になりましょう」としみじみ語っている人を蹴飛《けと》ばしたくなる。しらずしらずのうちに、私の感受性を受け入れてくれない大多数の他人に対して「鈍感なのだ、愚かなのだ」という非難の矢を放つようになるのである。

「拡声器騒音を考える会」の会員たちのほとんどは、こういう精神状態にあった。凄《すさ》まじい被害妄想の中を生きているうちに、日本人のやることなすことにけちをつける輩に成り下がっていく。私も、ついそういう態度に出てしまう。「エスカレーターにお乗りの際は……」とか「いらっしゃいませ、毎度ありがとうございます……」とか「よい子のみなさん、おうちに帰りましょう……」という放送を毎日聞いていくうちに、ゴミ溜《た》めのような商店街を通過するうちに、その痛みに駆り立てられて周囲の人々の言葉遣いも、自然観も、美意識も、規範意識も気に入らなくなってしまう。すべてが、あの光景、あの音との連関で私に迫ってくる。すべてをあの光景、あの音に結びつけて考えてしまう。

最近のことであるが、こうして私は自分が確実に精神的に退化していくのに気づいてはっとしたのである。話題が日本および日本人論になるや否や、その美質を素直に聞き入れることができない。どんな美徳をもっていても「だがあの商店街にいて居心地がいいのだから」という論法をすぐにもってきて、ばっさりと切り捨ててしまう。これは、疑いなく精神が病的に凝り固まり、危険な症状だなあと思ったのである。

もっと具体例を挙げると、私は「駐輪禁止」という立て札のあるところに夥《おびただ》しい自転車が停めてあるのを目撃すると、きわめて不快である。そこで、いままさに停めようとする人に注意し、平然とした顔でそこから自転車を引き出す人に注意する。盲人用の点字ブロックの上にも夥しい自転車が置いてあるので、「鈍感、盲人が通れません！」というビラをサドルに貼りつける。

充分明るくなっても、駅ホームにはいたるところ、電気が点《つ》けっぱなしなので、駅長室に駆け込んで注意し、あとで大学から電話をして注意する……。こうして、「正しいこと」をしていても、私は全然快活ではないのだ。だんだん自己嫌悪に陥ってしまう。もう少し気にならなかったら、どんなにいいことかと思う。でも、私には自転車が、電気が、歩道にせり出す商店の棚が見えてしまい、「携帯電話はおやめください」という車掌のアナウンスのあいだずっと掛けている携帯電話が、幅広い歩道があるのに「左に曲がります、左に曲がります」というトラックのテープから発するキンキン声が、聴こえてしまう。

会議の時に、カチャカチャ音を出してボールペンの芯《しん》を出したり引っ込めたりする教師が少なくないが、「ボールペンをカチャカチャしないでください」と紙切れに書いて当人に渡す。廊下をサンダルで（たまには靴でも）歩くとき、踵《かかと》を床にこすらせてペッタンペッタン餅《もち》つきよろしく音を立てる人がいるが、室内に居るときはその音が通過するあいだずっと私は耳を塞《ふさ》いでいる。廊下の途中で涼しい顔でペッタンペッタン歩いてくる教授と出くわすときは、さすがに耳を塞ぐわけに行かないので、一通りの挨拶《あいさつ》をすると彼の鈍感さが無性に憎くなる。危険だなあと思う。「こんな私に誰がした！」と叫びたくなる。

私のような人が適当な数いれば、そうはならないのに、私のような人がほとんどいないからこそ、私はこうした「些細《ささい》な」事柄にますます敏感に反応してしまう、そして、こんな過敏な自分こそ病的ではないか、大多数者の感受性とこれだけずれている私はやはり「おかしい」のではないか、と思うようになってしまうのだ。

私だけではない。「拡声器騒音を考える会」の会員たちのほとんどが、周囲の人間からほとんど狂人扱いされている。だから、ますます凝り固まり、ますます周囲の同胞たちを憎むという悪循環に陥っていく。これは、恐ろしいことである。

私は「治り」たくない！

こうしたメカニズムを自覚するようになって、私は意図的にそうならないように努力した。私の場合、著作とか、講演とか、ラジオ出演とか、講義とか……この苦痛を訴える機会に恵まれているので幸いであるが、それでも私は自分の感受性が固定化しないように気をつけることにした。物事を多面的に見る訓練を自分に課し、同胞の悪口を言いそうになったら、無理にでもその美質を想い起こすように訓練した。

とくに私が学んだ技術はユーモアである。私がどんなに苦しんでいようと、それはある観点から見れば滑稽《こっけい》なのだ。大学の研究室の廊下をピーッと響き渡る口笛を吹いて歩く助教授に、何度やめてくれと訴えてもやめないので、ついに彼を取り押さえ「口笛を吹く限り、教授にはしない」と叫ぶことは、なんとおかしいことであろう。

そのうち、こうした私の傲慢な態度へのバチか（？）、私の研究室のすぐ隣の建物の全面改修工事が始まり、連日朝九時から夕方五時まで耳をつんざく爆音が続くので、一日中大型ヘッドフォンをして原稿を書いているのは、なんと面白い光景であろう。こうして、自分の苦しみさえ滑稽に見る技術まで体得して、どうにか私は精神の衰退を、いや崩壊を免れているのである。

とはいえ——ここがとくに単純な精神の持ち主に訴えたいところだが——私はなぜか自分の固有の感受性を「治し」たくないのだ。ドアのノブに触れるごとに十度も手を洗うのなら、私は強迫神経症患者である。私は苦しくてたまらず、精神科で治療を受けるであろう。だが、銀行のキャッシュディスペンサーから「いらっしゃいませ」と言われるたびごとに、はらわたが煮えくり返る私は、強迫神経症という病名をもらって「治り」たくはない。

楽になるためだけなら、適当な名前をつけてもらい、適当な薬を調合してもらって、あるいはちょっと痛い注射をしてもらえば、私のこの呪われた感受性を変えることができるかもしれない。そうすれば、私はずいぶん毎日の生活が楽になることだろう。街に出ているあいだじゅう、電柱に体当たりしたくなり、頭上の電線に生きた心地がしなくなり、歩道に乗り上げている自動車を蹴っ飛ばしたくなり、原色の看板に反吐《へど》が出そうになり、左右からにょきにょき差し出されるティッシューを投げ返したくなり、街頭大型ビジョンの掛かっているあの角を恐れ、轟音《ごうおん》がばら撒《ま》かれているあの商店を迂回《うかい》する……というくたびれ果てる行動を取らなくても済み、(私からすれば)鈍感きわまりない前後左右の他人を激しく憎むこともなく、外から帰ってくるたびに家族に八つ当たりすることもなくなるであろう。まさに、いいことずくめである。だが、まことに不思議なことに、それにもかかわらず、私は「治り」たくないのだ。

こうした問題は、じつはいたるところに転がっている。自分の暗い性格に悩んでいる者は、たとえそれを完全に別の性格(明るい性格?)に変える薬が発明されたとしても、呑《の》むのを躊躇《ちゅうちょ》するのではないか? 肌の色や身体的外形による差別に苦しんでいるとしても、ほとんどの黒人は——たとえ金があっても——マイケル・ジャクソンのように「白人化」する整形手術を受けないであろう。ほとんどのゲイは、ゲイを「治す」薬が無料で渡されたとしても、呑むことはないであろう。

感受性の「共生」をめざして

語れば語るほど、直面している問題の独特の難しさが見えてくる。

こうした人びとを、その陥っている過酷な事態から救うにはどうしたらいいのか？即効薬はないと思うが、わが国においても、私にはその方向だけは見えている。かすかではあるが、解放への「光」を感ずる。

最近アカデミズムでもジャーナリズムでも、とみに境界型の精神障害が紹介されている。入院するほどではないが、社会生活を円滑に営めない人々に関する情報はかなり行きわたっている。「うつ病」や「ひきこもり」に関する知識も多くの人が共有し、一見わがままに見える病にも、常識で断ずるのではなく、その固有の症状に眼を向けよう、という教育がなされている。

また、これに並行して、痴漢やセクハラなど、これまで真剣に取り上げてこられなかったがゆえに、ジャーナリズムでヒステリックなまでに取り上げられ、男たちを震え上がらせている風潮がある。（あえて挑戦的に書いてみれば）ただ夜道で女性の胸に触っただけで殺人犯と同じ、あるいはそれ以上の極悪人の扱いを受け、顔写真が公開され、実名で報道され、社会的に葬り去られるのだ。

まさに現代の魔女裁判であるが、その弊害は絶大なものがあるにせよ、一つだけ評価すべきものがある。それは異質な感受性に鈍感なわが国民も、こうした「恐怖政治」を通じて各人の感受性の差異を徹底的に学ぶことができるという点である。加害者の男にとっては何気ない言葉や振舞いでも、被害者の女にとっては全人格を傷つけられる言葉や振舞いであること、こうしたずれを人々が理解しつつある現状は、感受性のマジョリティからの感受性のマイノリティのずれをも理解する状況だと言っていいであろう。

そこで、最後に涙ながらに（？）提案したいが、こうした風潮をさらに推し進め、各人の感受性はおそるべく多様であることを、小学校のころからもっと徹底的に教育すべきであろう。わが国では、教育においてとくに「共感」を強調する傾向が強い。「他人の気持ちがわかる人」とか「他人の痛みがわかる人」というスローガンのもとに、他人の感受性を尊重する教育がなされているように見える。だが、この場合、じつは「わかる」内容は、感受性のマジョリティが「わかる」ことに限定されているのだ。

そうであってはならないと思う。自分がされたくないことでも他人はされたいかもしれず、逆に、自分がされたいことでも他人はされたくないかもしれないではないか。このことは、各人の感受性の差異を顧みればあたりまえのことであるのに、真顔で「自分がされたくないことを他人にするな」という説教を子供たちのからだに叩《たた》き込むアホな教師があとを絶たない。その結果、暴走族の騒音に苦しむ人には共感し、エスカレーターでの放送に苦しむ人には共感しない感受性を育てるのだ。

もっと子供たちの想像力をはぐくみ、自分が快適なとき、あるいは不快でないときでも、すぐ隣の人が不快に思い、苦しんでいるかもしれないことを教育すべきである。文字通りの共感はできないかもしれない。だが、十歳の子供でも、「そういう感受性がありうると想像することはできるはずだ。彼らを排斥するのではなく、「そういう人っているんだなあ」と承認して、配慮することはできるはずだ。他人の気持ちをわかろうという教育ではなく、他人の気持ちはわからないかもしれないが、自分と異なった他人の気持ちを尊重しよう、という教育はできるはずだ。異なったものを排除するのではなく、同一化するのでもなく、異なっていることを認めたうえで、そのものとしては理解できないことを認めたうえで、彼らも自分と同じように生きる権利をもつことを承認することはできるはずだ。

それこそが、真の意味での「共生」であると思う。

あとがき

私はずいぶん変な人である、普通、人は美を幸福をそして快適を求めるのに、私は醜さを不幸をそして不快を求めているのだから。「求めている」という表現には注釈が必要であろう。文字通り求めているわけではない。美しいことや幸福であることや快適であることの欺瞞《ぎまん》に嫌気がさしており、視線はおのずと醜や不幸や不快に向かうというわけである。さらに、説明が必要であろう。この段階で誤解されると困るが、私はいわゆる醜いことや不幸なことに快を感ずるのではない。グロテスクなことには思わず眼をそむけ、公開処刑があっても行かないであろう。動物園の爬虫類館《はちゅうるい》に入っただけで、気分が悪くなり、いや、そもそもこういう生物が地上に存在していることに「根本的疑問」を感じてしまう。はなはだしく醜い人や極端に不幸な人のそばにいるときわめて居心地が悪く、その後猛烈な自己嫌悪にとらわれる。私は、醜いことと不幸なことそして不快なことにマイナスの関心をもってしまうのだ。無視できないのであり、それにこだわってしまうのだ。おわかりであろうか？

とりわけ、ほとんどの人が醜さや不快を感じないことにも、私の感受性の針はぐるぐる回る。私は、周囲のあっけらかんとした顔を眺めて、唖然《あぜん》とする。なぜ、なんともないのであろう？　なぜ、苦しくないのであろう？　といって、私は――世の中を裁く多くの文化人や評論家より格段と優れたところであるが――自分の感受性が「正しい」とは思えない。自分の感受性がノーマルというよりむしろアブノーマルであることを知っているのである。とはいえ、病的なほどアブノーマルというわけでもない。だが、感受性は変えられず、だから私は苦しい。しかも、ほぼ四六時中！

　さて、こういうことは私に特異な状況ではない。じつは少なからぬ人が投げ込まれている状況であり、苦しみあえぎながら出口を見出《みいだ》せない状況なのである。「きもい！」と叫ばれいじめられる少年は、自分が他人に不快感を与えることを否定したい。他人の感受性を変えたい。それは間違っていると訴えたい。でも、できないのだ。「うざい！」と排斥され、いじめられる少女は、自分の醜さを拒否したい。自分は魅力的だと他人に感じさせたい。それは、誤解だと叫びたい。でも、できないのだ。

　なぜか？　彼らが弱いから、勇気がないからか？　違う。圧倒的な感受性の威力の前で、彼らは屈服せざるをえないからだ。ここでは「正しさ」は、非力である。たとえ、ある少年の言い分が正しくとも、ある少女の悲しみが正しくとも、「きもい」という「うざい」という感受性そのものは変わらないからである。

　だからこそ、各人は自分の感受性を大部分の人の感受性に合わせようと必死になる。これは、自分の感受性を大切にしたい者にとっては恐ろしい責め苦である。一見平和なわが国で、こうした感受性の魔女裁判が日々いや刻々人々を脅かしていることを指摘したい。自分が排斥されないために、ある者を「魔女」に仕立て上げる卑劣な行為が不断に進行していることを指摘したい。

一見平和なこの日本には、感受性のファシズムがまかり通っているのだ。感受性の多数派が感受性の少数派を摘発し、密告し、訴追し、火あぶりにするのだ。子供たちは、この掟《おきて》をよく知っている。よく知っているがゆえに、自分が抹殺されないために誰かを抹殺する。子供たちは大人の社会をよく観察して、すべてを学んだのである。このすべてを大人が懇切丁寧に教えたのである。

いつ、この国は感受性のファシズムから抜け出すことができるのであろうか？　感受性の多様性を真の意味で承認する日が来るのであろうか？　たしかに、現代日本は豊かで安全で自由で知的で……数々の困難を乗り越えたすばらしい国である。古い表現を使えば、世界の一等国である。だが、感受性のファシズムが支配している限り、紛れもなく三等国に留《とど》まるのではあるまいか。

二〇〇六年十一月中旬　紅葉の美しいころ　中島義道

解説

松原《まつばら》　隆一郎《りゅういちろう》

空はとぐろを巻く電線が覆いつくし、コンクリートの電柱が聳《そび》える。原色の広告や看板が林立し、スピーカーが鳴り響く。これが日本の公道である。大半の人はそれを不快に感じない。「醜い」と指摘すると何を言われたか分からずキョトンとするか、逆に「決まったことだから」、「ルールだから」、何が悪いとクレーマー扱いされる。理不尽極まりない。ふざけるな！　そこで広く収集した秘蔵の「醜い景観秘蔵銘写真」を公開、中島氏年来の主張をぶちまけたのが本書である。

筆鋒《ひっぽう》はさらに、なぜ日本人は「醜いもの」を見過ごせるのかについての文化論に及ぶ。庭園の静寂や寺院の紅葉、咲き誇る桜や冬枯れの嵯峨野《さがの》を愛《め》でながら、一方でその外にある猥雑《わいざつ》でどぎつい原色の看板や広告に悲憤慷慨《ひふんこうがい》することはない。愛するものがあればこそ、何故それが貶《おとし》められ傷つけられることに怒りを表明しないのか。それは家の中から「そと」がどう見えるかには神経をすり減らすが、家が「そと」からどう見えるかについて無神経だからではないか。抑制の原理がなく「自動化する欲望」の膨張にすべてを委《ゆだ》ねるエトス、眼前の醜いものを飾り付けた他人に気遣い、それを見えなくする世間内存在主義のせいではないか。

また醜いものを公共の場所で押しつけることに抵抗しようとすると、「多数者はそれでよいと言っている」と応じる。「統計的多数」をもって正常とみなし抵抗権を封じる「感受性のファシズム」、「共感」を求め少数者の違和感を悪しきこととして排除し矯正しようとさえする感情の集団主義である。中島氏はそうした事なかれ主義に含まれる強烈な抑圧に、孤独を恐れず抗戦する。公道にはみ出して商品を並べる薬局チェーンに苦情を言い、警察に訴える。騒がしく広告するスピーカーは捨ててしまう（これは弁償させられたらしいが）。

戦闘的抵抗は、騒音、さらには平板な言葉の羅列にも向けられる。効力もないのにうるさく述べ立てる電車内の放送、平板に口先で述べるだけのコンビニエンスストアにおける挨拶《あいさつ》、オレオレ詐欺に気をつけよと繰り返すお上のアホ放送。過剰にうるさく、意味が重さをなくして、言葉が無効になっているではないか。

まったく同感だ。筆者も2002年に出版した『失われた景観』（PHP新書）以来、日本の醜い景観を糾弾してきたし、また「お前はヨーロッパの景観を理想視している」「個人の理想にすぎない景観を他人に押しつけている」といった的外れな批判を浴びてもいる。私が嫌いなのは、単体としての家の外観ではない。どのチョコレートが美味《おい》しく、どの味噌汁《みそしる》が旨いかには個人的な好みや理想が反映されるだろう。しかし味噌汁にチョコレートを混ぜ込めば絶対的に不味《まず》いはずである。

日本では、良好な街並みにケバケバしい色合いのマンションが建つことを規制することは難しい。歴史的な文化財でなければ保護されないのである。だからこそそうしたマンション建設を告訴する「マンション訴訟」は敗訴続きであった。そこで筆者は「日常景観」の保全こそが重要と訴えたのであった。

また賞を取るような素晴らしい建築物を正面から撮影した写真のど真ん中に電柱が建ち、電線が上下を二分しているのに、不満も述べず堂々と掲載しているような無神経さ。名画の額のガラス部分にペンキで縦横に線を引くようなものではないか。公道を塞《ふさ》ぐ電柱と空にとぐろを巻く電線を日本人が許容してきたことについて筆者は「電線病」と名付け、多くの人々がそれがあたかも見えないかのように見過ごすことを糾弾してきた。それに共鳴し「無電柱化推進法案」提出を準備してくれた小池百合子《こいけゆりこ》氏とは、2015年に『無電柱革命』(PHP新書)を出版した。

その過程で分かったことがある。電線の地中化を訴えると、ものわかりよく同意してくれる人でも、多くが「といっても費用がかかる」とか「復旧に時間がかかる」と返してくる。けれども電柱はもともと路上にゴミを放り出す公害(外部不経済)である。電力会社や通信会社が自費で埋めるのが当たり前なのだ。実際、諸外国の多くではそうしているし、そうであればこそ電力・通信会社は無電柱化に要する経費を削減するのに躍起になっている。税金を投入して電線を地中化しているのは日本に特有の現象なのだ。

また、電線が地下化されていれば電柱よりも震災の被害は遥《はる》かに小さいし、地下をスキャンしたり電磁波で測定して電線がどこにあるのかを確認し、また3Dで可視化する技術もすでに開発されている。

では、こういった言い訳があたかも真理であるかのように流通するのは何故なのだろうか。筆者は先日、かつて東京都の副知事を務めた人物と東京都の再開発につき対談した。その際に筆者が無電柱化に触れるとその人物は大声で遮り、「狭い区道の地下には水道管やガス管が入っていて、無理！」と絶叫した。地下に埋めずとも軒下に配線したり、知恵はいくらでも絞れるのに、である。そして帰宅し調べたところ、その人物は都庁を辞した後、電力会社に天下りしていたことが判明した（原発事故後にそちらも退職している）。無電柱化が困難というのは多くが電力会社発の刷り込みであり、こうした人物が広めているのだ。その結果、先進国の首都で無電柱化率が7％というのは、東京23区だけである（ソウルや北京《ペキン》もすでに道路の46％、34％が無電柱化されている）。

なるほど官庁幹部の天下りを受け入れ広報させるというのは、無電柱化への抵抗としては安上がりである。それだけに電柱の林立を見逃す日本文化論には、電力会社の言論戦略も含めるべきだ、と筆者は考える。そして都知事に就任した小池百合子氏が戦闘的無電柱主義者としてこの現状をどう打ち砕くのか期待しているのである。中島氏は、決して孤立してはいないのだ。

この作品は二〇〇六年十二月新潮選書として、
二〇〇九年十一月新潮文庫として刊行された。

醜《みにく》い日本《にほん》の私《わたし》

中島義道《なかじまよしみち》

平成28年 10月25日　初版発行

発行者●郡司 聡

発行●株式会社KADOKAWA
〒102-8177　東京都千代田区富士見2-13-3
電話 0570-002-301（カスタマーサポート・ナビダイヤル）
受付時間 9:00～17:00（土日 祝日 年末年始を除く）
http://www.kadokawa.co.jp/

角川文庫 20008

印刷所●旭印刷株式会社　製本所●株式会社ビルディング・ブックセンター

表紙画●和田三造

ISBN978-4-04-104449-0　C0195

角川文庫発刊に際して

角川源義

第二次世界大戦の敗北は、軍事力の敗北であった以上に、私たちの若い文化力の敗退であった。私たちの文化が戦争に対して如何に無力であり、単なるあだ花に過ぎなかったかを、私たちは身を以て体験し痛感した。西洋近代文化の摂取にとって、明治以後八十年の歳月は決して短かすぎたとは言えない。にもかかわらず、近代文化の伝統を確立し、自由な批判と柔軟な良識に富む文化層として自らを形成することに私たちは失敗して来た。そしてこれは、各層への文化の普及滲透を任務とする出版人の責任でもあった。

一九四五年以来、私たちは再び振出しに戻り、第一歩から踏み出すことを余儀なくされた。これは大きな不幸ではあるが、反面、これまでの混沌・未熟・歪曲の中にあった我が国の文化に秩序と確たる基礎を齎らすためには絶好の機会でもある。角川書店は、このような祖国の文化的危機にあたり、微力をも顧みず再建の礎石たるべき抱負と決意とをもって出発したが、ここに創立以来の念願を果すべく角川文庫を発刊する。これまで刊行されたあらゆる全集叢書文庫類の長所と短所とを検討し、古今東西の不朽の典籍を、良心的編集のもとに、廉価に、そして書架にふさわしい美本として、多くのひとびとに提供しようとする。しかし私たちは徒らに百科全書的な知識のジレッタントを作ることを目的とせず、あくまで祖国の文化に秩序と再建への道を示し、この文庫を角川書店の栄ある事業として、今後永久に継続発展せしめ、学芸と教養との殿堂として大成せんことを期したい。多くの読書子の愛情ある忠言と支持とによって、この希望と抱負とを完遂せしめられんことを願う。

一九四九年五月三日

角川文庫ベストセラー

ひとを〈嫌う〉ということ　中島義道

あなたに嫌いな人がいて、またあなたを嫌っている人がいることは自然なこと。こういう夥しい「嫌い」を受け止めさらに味付けとして、豊かな人生を送るための処方を明らかにした画期的な一冊。

生きるのも死ぬのもイヤなきみへ　中島義道

「生きていたくもないが、死にたくもない」そう、あなたの心の嘆きは正しい。そのイヤな思いをごまかさず大切にして生きるほかはない。孤独と不安を生きる私たちに、一筋の勇気を与えてくれる哲学対話。

異文化夫婦　中島義道

妻は愛がないと嘆き、別れたいという。しかし言葉の裏に、別れたくないという気持ちが透けて見える。史上最悪の夫婦、すれ違う世界観。愛と依存の連鎖はどこまで続くのか――。

男が嫌いな女の10の言葉　中島義道

「ほんとうの愛って何？」「私を人間として見て！」「あなたには私が必要なの！」「わかんなーい！」女性はなぜこんな台詞をはくのか。男性にとっての永遠の疑問、女性の言葉を哲学者が丹念に読み解く。

うるさい日本の私　中島義道

家を一歩出れば、町に溢れる案内、注意。意味も効果も考えず、「みんなのため」と流されるお節介放送の暴力性に、哲学者は論で闘いを挑む。各企業はどう対処したのか。自己反省も掲載した名エッセイ！

角川文庫ベストセラー

死を語り生を思う

五木寛之

少年の頃から死に慣れ親しんできた著者。瀬戸内寂聴、小川洋子、横尾忠則、多田富雄という宗教・文学・芸術・免疫学の第一人者と向かい合い、〝人間はどこからきて、どこにいくのか〟を真摯に語り合う。

ためらいの倫理学
戦争・性・物語

内田樹

ためらい逡巡することに意味がある。戦後責任、愛国心、有事法制をどう考えるか。フェミニズムや男らしさの呪縛をどう克服するか。原理主義や二元論と決別する「正しい」おじさん道を提案する知的エッセイ。

この命、義に捧ぐ
台湾を救った陸軍中将根本博の奇跡

門田隆将

中国国民党と毛沢東率いる共産党との「国共内戦」。金門島まで追い込まれた蒋介石を助けるべく、海を渡った日本人がいた――。台湾を救った陸軍中将の奇跡を辿ったノンフィクション。第19回山本七平賞受賞。

世界が土曜の夜の夢なら
ヤンキーと精神分析

斎藤環

「アゲ」と「気合」の行動主義＝反知性主義、家族主義で母性的。これまで論じられなかった日本人の「ヤンキー」性と、急速に拡大するバッドセンス。日本文化の深層に、気鋭の精神科医／評論家が肉薄する！

水木しげるの古代出雲

水木しげる

鳥取県境港に育った水木しげるは幼いころ島根半島によく出かけていた。夢に現れた出雲族の青年の言葉に導かれるままに己自身のルーツを辿り、出雲神話に隠された壮大な謎に迫る、水木版・古代出雲史！